Los 7 tesoros secretos

DR. JOHN DEMARTINI

Los 7 tesoros secretos

EDICIONES OBELISCO

Si este libro le ha interesado y desea que le mantengamos informado
de nuestras publicaciones, escríbanos indicándonos qué temas son de su interés
(Astrología, Autoayuda, Psicología, Artes Marciales, Naturismo,
Espiritualidad, Tradición…) y gustosamente le complaceremos.

Puede consultar nuestro catálogo en www.edicionesobelisco.com

Colección Narrativa
LOS 7 TESOROS SECRETOS
Dr. John Demartini

1.ª edición: octubre de 2025

Traducción: *Jordi Font*
Corrección: *M.ª Ángeles Olivera*
Diseño de cubierta: *Enrique Iborra*

© 2022, John Demartini
Libro publicado por acuerdo con Waterside Productions Inc.,
a través de International Editors & Yáñez Co' S. L.
(Reservados todos los derechos)
© 2025, Ediciones Obelisco, S.L.
(Reservados los derechos para la presente edición)

Edita: Ediciones Obelisco, S.L.
Collita, 23-25. Pol. Ind. Molí de la Bastida
08191 Rubí - Barcelona - España
Tel. 93 309 85 25
E-mail: info@edicionesobelisco.com

ISBN: 978-84-1172-319-0
DL B 11446-2025

Impreso en Romanyà Valls

Printed in Spain

PREFACIO

En este libro hablaré de tu mente, el mayor poder que tienes dentro de ti. Exploraremos los siete tesoros que existen en el interior de cada uno de nosotros; por ejemplo, cómo maximizar tu potencial con tu cuerpo, tu salud y tu bienestar, y cómo puedes tener relaciones más satisfactorias y más amor en tu vida. También se va a tratar tu poder para liderar, porque todo el mundo tiene un líder natural en su interior, que espera a ver la luz, y ese tesoro puede ser desenterrado. Hablaremos de desarrollar tu riqueza financiera, porque todo el mundo merece tener prosperidad. Nos adentraremos en nuestra naturaleza espiritual y en cómo vivir una vida motivadora. Por último, aprenderás a despertar el tesoro de tu poder en los negocios, para que puedas construir tu negocio y hacer aquello que amas, y amar aquello que haces. Exploraremos los siete tesoros que hay dentro de ti y mostraremos cómo puedes expandir todas estas áreas para llevar una vida más satisfactoria.

1

El secreto y poderoso tesoro de la sabiduría, la comprensión, el genio y la creatividad

El primer tesoro que me gustaría compartir contigo es tu mente. El poder que tienes en tu interior es extraordinario. Lo sé por experiencia propia: de niño me dijeron que nunca leería, escribiría ni me comunicaría. Más adelante pude despertar el poder que llevaba dentro, que estuvo ahí todo el tiempo, del mismo modo que lo está dentro de ti, aunque puede que aún no lo hayas descubierto. Voy a ayudarte a desvelar ese tesoro que es tu mente. El primer paso es que seas consciente de que ya lo posees.

Todo el mundo tiene una jerarquía de valores. El valor más alto en tu listado de valores es cuando tu mente es aguda y está alerta, disciplinada y centrada. Las áreas que se encuentran más abajo en tu sistema de valores son aquellas en las que tiendes a procrastinar y dudar; no recuerdas las cosas; ahí tienes una memoria a corto plazo. Si queremos despertar nuestro genio y el poder de nuestra mente, será en el área que se encuentre más arriba en nuestro listado de valores.

Tenemos áreas de orden de atención excedente y áreas de trastorno por déficit de atención (comúnmente abreviado como TDA). Si consideramos un niño al que se le etiqueta con TDA, es posible que el profesor proyecte esa etiqueta y vea al niño de esa manera. Pero en realidad ese niño puede ser capaz de pasarse seis o siete horas sentado delante de un videojuego, totalmente concentrado, y tener una memoria fotográfica de ese juego. Esto significa que los valores superiores del niño se centran en el videojuego, no en las clases, por lo que las etiquetas que ponen los profesores no son del todo ciertas. Simplemente no se dan cuenta de dónde reside el genio del niño.

Ese genio reside en tu interior. Hay un tesoro dentro de ti, que corresponde a lo que más valoras. Si alguien te ha etiquetado como una persona con déficit de atención, debes saber que puede que no sea del todo cierto, aunque es posible que aún no hayas descubierto tu mayor valor ni reconocido tu genialidad o el poder que hay en tu mente. La verdad es que tienes un mayor valor y un área en la que tu mente es aguda y está alerta.

El primer ejercicio que quiero que hagas es que examines profunda e intensamente tu vida y descubras dónde se encuentra ya alerta tu mente. Sabes que está alerta en algún tema, así que no te mientas diciéndote que no está alerta. ¿Dónde está tu mente más alerta? ¿Dónde es creativa? ¿Dónde es espontánea? ¿Dónde tiene el poder de responder preguntas rápidamente? ¿Dónde piensa de forma creativa?

No te detengas hasta que encuentres esa zona. Reconócela, anótala en un papel y no dejes que nadie de fuera te imponga la creencia de que no existe.

Cuando tenía diecisiete años, un sabio y anciano caballero cambió mi vida al reconocer con certeza que yo tenía ese poder. Espero hacer lo mismo contigo, porque estoy seguro de que tú también lo posees. He trabajado con miles de personas de todo el mundo y, aunque pensaban que no tenían ese genio creativo, las he ayudado a ver dónde lo tenían. A veces se les llenaban los ojos de lágrimas de gratitud cuando eran conscientes de que estaba ahí. Cuando lo hacen, se dan cuenta de que, si quieren trasladar ese genio a otra área de su vida, lo único que tienen que hacer es cambiar su jerarquía de valores. Hablaré de eso a medida que avancemos, pero por ahora sólo tienes que saber que lo tienes. Afirma: «Tengo una mente extraordinaria, soy un genio y aplico mi sabiduría».

Cada uno de nosotros tiene diferentes valores e impulsos. A algunos les motiva aprender, devorar información. Otros se centran menos en aprender; prefieren ser más sociables. Algunos quieren ser más conscientes espiritualmente. Otros desean ser más ricos económicamente. Sea cual sea el área de la vida en la que quieras sobresalir, creo que es sabio potenciar y expandir tu mente cada vez más en ese ámbito. Porque tu mente o consciencia es el núcleo de lo que eres, y es tu mayor activo. Te pueden quitar los brazos, te pueden quitar las piernas; he llegado a conocer a personas a las que les han extirpado hasta nueve órganos del cuerpo. Sin embargo, puedes seguir siendo tú, porque lo que te hace ser tú son tus ideas y tus pensamientos, tu receptividad a las ideas que entran en tu consciencia y los pensamientos que salen: tu atención y tu intención. Eso es lo que eres; ésa es tu fuerza creativa más poderosa. Así pues, desarrollar la mente es crucial para maximizar el potencial en la vida.

Si analizas detenidamente a las personas de los grupos socioeconómicos más desfavorecidos, verás que suelen tener muy pocos libros en casa: quizás un libro de cocina o un texto religioso. Si vas a un hogar de clase media baja, puede que encuentres algunos libros de cocina y algunos otros libros por la casa. Si vas a un hogar de clase media, observarás que tienen libros en el estudio, en la cocina, en el salón y tal vez en el cuarto de baño. Si visitas a los grupos socioeconómicos más altos, normalmente comprobarás que tienen una biblioteca. Por lo general, existe una correlación directa entre el número de libros que la gente tiene en su vida y su estatus socioeconómico.

No sé tú, pero yo todavía no he visto a nadie que se levante por la mañana y diga «Quiero ser menos. Quiero encogerme». Tenemos un anhelo dentro de todos nosotros de expandir nuestra conciencia y nuestro potencial. Servimos al mundo brillando, no encogiéndonos, y como consecuencia de ello, tenemos el deseo de expandir nuestra mente. Si no lo hacemos, constreñimos nuestra vida.

Leer es muy valioso, pero no es la única forma de recabar información. Puedes escuchar CD y ver DVD, puedes asistir a conferencias y charlas, y puedes observar mientras socializas: puedes aprender de la gente de muchas maneras diferentes. Hoy en día incluso puedes utilizar Internet.

De todos modos, los libros siempre me han parecido muy especiales, porque puedo escoger uno de los grandes pensadores –Platón, Aristóteles, Emerson– y leer una recopilación de sus pensamientos. Durante un día, o quizá una semana, puedo subirme a los hombros de esas grandes mentes. Creo que no se puede meter la mano en un bote de pegamento sin que se pegue. De manera análoga, no puedes poner tu mente en los pensamientos de grandes seres sin que deje algo de grandeza en ti.

Si lees algo y te concentras en ello, algo de ello se queda contigo. Puede que no seas consciente de ello, pero es así. En otro momento –un día, una semana, un mes, un año o cinco años después– sale a la superficie cuando lo necesitas.

Cuando tenía dieciocho años, estudiaba todo lo que caía en mis manos, incluidas filosofía y teología. Me topé con la palabra griega logos, que significa «razón», es decir, el campo de la inteligencia, la fuente de toda existencia, podría decirse. Los grandes filósofos eran versados en muchas áreas, pero hoy en día tenemos la especialización. El gran logos que estudiaban los grandes filósofos se dividió en las disciplinas que tenemos en la actualidad, como la teología, la cosmología, la astronomía, las matemáticas o la química. Si estudiaras todas las disciplinas y «-logías», acabarías descubriendo los hilos comunes que componen el logos.

Ése era mi objetivo. Me di cuenta de que un doctorado medio estudia entre setenta y cinco y cien libros de su especialidad para terminar la carrera. Si se estudiaran tantos libros en todas las diferentes «-logías», se podría desarrollar una comprensión del logos y encontrar las grandes leyes comunes del universo. Para estudiar las leyes del universo, hay que encontrar lo que es universal en todas las «-logías». Ése era mi sueño, y por eso me fijé el objetivo de leer al menos entre setenta y cinco y cien libros de cada una de las «-logías» que descubriera. Quería encontrar el hilo conductor, la piedra filosofal: la piedra angular para maximizar el potencial humano. Intenté leer las obras de todos los premios nobel, de todos los grandes autores griegos antiguos y de otras culturas, de todos los grandes filósofos, para encontrar el hilo conductor de estas disciplinas.

Destilando la esencia de esta sabiduría, descubrí que todo gira en torno al amor, la sabiduría y el aprecio. Cuando pregunto a la gente qué haría si sólo le quedaran veinticuatro horas de vida, casi todos dicen que comunicarían su amor y su aprecio a las personas que contribuyen a sus vidas. Si pregunto a un auditorio, «¿A cuántos de vosotros os encantaría ser amados y apreciados por lo que sois?», todo el mundo levanta la mano.

Ésta es la esencia de la sabiduría. La sabiduría es la capacidad de apreciar a otros individuos y compartir con ellos tu amor, tu gratitud y tu grado de iluminación. Todas las disciplinas, incluso la física, la química, la astronomía, la antropología y la arqueología, conducen la consciencia humana hacia ese objetivo.

El siguiente gran tesoro que tienes dentro de ti es lo que yo llamo «principio de reflexión». Esto significa que todo lo que ves en otros individuos lo tienes en tu interior.

He tenido la oportunidad de trabajar este principio con miles de personas de todo el mundo, y es asombroso. Una señora, por ejemplo, quería ser una gran consultora de las principales empresas de Fortune 100. Tenía ese sueño, pero no lo conseguía. Aunque tenía ese sueño, a veces se sentía intimidada por los directores ejecutivos de esas empresas. Su miedo a reunirse con ellos le impedía alcanzar su objetivo.

Trabajé con ella y le pedí que identificara todo lo que admiraba de esos directores ejecutivos, pero que a su vez la intimidaba. Le pedí que escribiera esas cualidades y luego que se preguntara dónde tenía ese mismo rasgo de forma idéntica o similar.

—Pues yo no lo tengo —me contestó.

—Mira otra vez. No dejes de buscar —le respondí.

Porque la verdad es que, si puedes verlo, lo tienes. Puede que no tenga exactamente la misma forma, pero existen similitudes, y sólo tienes que seguir buscando hasta que lo identificas por completo.

Esta mujer se había fijado en un director ejecutivo concreto, famoso en todo el mundo, con el que quería trabajar. Miró a su interior e identificó en qué parte de sí misma tenía el poder, la influencia, el liderazgo, las habilidades y el conocimiento que veía en él. Tardó casi tres meses en despertar por completo a su propia forma de esas cualidades, pero al día siguiente ya estaba viendo el cambio. En tres meses, ese director ejecutivo se convirtió en uno de sus clientes.

En tu interior tienes todo lo que ves a tu alrededor. Si ves a alguien que tiene una gran mente, tú mismo la tienes. Porque lo que ves es un reflejo de ti mismo. Puede que hayas sido programado por todos los que te rodean diciendo que no la tienes, y es posible que lo hayas creído durante años, pero la verdad es que la tienes. En el momento en que empiezas a reconocer su forma, sale conscientemente a la superficie, y en lugar de ser un tesoro enterrado, se convierte en un tesoro capturado.

Identifica a una de las personas más ingeniosas que conozcas. Haz lo mismo con sus rasgos. Luego mira en tu interior y encuentra dónde los tienes tú. No te mientas a ti mismo diciéndote «No sé; no puedo». Excava en busca del tesoro. Puede que haya estado oculto durante un tiempo, pero está ahí.

Di que admiras a esta persona por ser rápida en la toma de decisiones. Averigua dónde tienes tú grandes habilidades en la toma de decisiones. Puede que no sea en la misma área; puede que sea la forma en que crías a tu familia o gestionas el dinero, o tal vez en los deportes o en la vida social, pero averigua dónde tienes la misma capacidad que la persona a la que admiras. Esto despertará esa cualidad. A veces pensamos que los demás tienen más, pero en realidad nosotros podemos tener tanto como los demás.

Ve a tu interior y excava en busca de tu tesoro enterrado. Averigua dónde está esa habilidad o ese poder mental dentro de ti. Yo mismo me senté, hice un listado de todos los ganadores del premio Nobel y los repasé uno por uno. Intenté leer alguna de sus obras, o al menos una biografía. Me fijaba en sus biografías y anotaba cada rasgo que era similar al mío. Pensaba «Si ellos han conseguido algo en la vida, yo también puedo. Puedo salir y hacer algo por el mundo que sea creativo y original».

Al identificar esos rasgos en mí, aumentó mi confianza, al igual que la velocidad de mis poderes mentales. Y lo que es más importante, empecé a reconocer que esos rasgos estaban ahí. No estaban perdidos, no carecía de ellos; estaban ahí de verdad. Es increíble lo que ha hecho por mí en mi vida. Mis capacidades mentales han crecido, mi memoria visual y auditiva se ha ampliado, mi capacidad para leer también se ha incrementado; ha sido extraordinario.

Mira en tu interior y descubre lo que ves en otras grandes mentes. ¿Dónde lo tienes dentro de ti? Ése es tu próximo tesoro, ahí sentado, esperando a aflorar.

Tienes un genio dentro de tu mente. No te mientas diciéndote que no lo tienes y no dejes que nadie te diga nunca que no lo tienes. Indaga en busca de él y lo encontrarás, aunque puede que deteriores algunas palas por el camino. Sigue indagando y cavando; te garantizo que está ahí. Averigua qué forma tiene. A nadie le falta nada, pero a veces no reconocemos la forma que tiene o nos subordinamos a los demás sin reconocer nuestra grandeza.

He insistido en la importancia de leer, pero tu lectura está limitada. Puedes leer un libro al año, uno al mes, uno a la semana o incluso uno al día; sin embargo, el número es finito y sólo tienes un tiempo limitado para leer y aprender. Por lo tanto, es aconsejable priorizar la lectura e identificar aquello que realmente quieres leer. Así pues, te digo: lee a los clásicos y prioriza aquello que alimente tu mente.

También he descubierto que si lees treinta minutos al día sobre un tema concreto, en siete años puedes estar a la vanguardia de ese campo. Si lees una hora al día, puedes conseguirlo en cuatro años. Si lees dos horas al día, puedes lograrlo en unos dos años y medio. Y si lees tres horas al día, puedes estar en la vanguardia de un campo en un año y medio o incluso en menos.

Esto no es sólo teoría; lo he demostrado. Cuando iba a clases de quiropráctica, el profesor estaba haciendo una presentación sobre el cerebro y dijo que tenemos más neuronas en las áreas sensoriales y motoras de nuestro cerebro asociadas con la boca y la mandíbula que en cualquier otra región.

«Si voy a dominar la quiropráctica, que es el ajuste de las articulaciones subluxadas, tengo que centrarme en la articulación temporomandibular, la que conecta la mandíbula con el cráneo», pensé. Así que fui a la Facultad de Odontología de la Universidad de Texas y le pregunté al decano de admisiones qué tenía que estudiar para especializarme en la articulación temporomandibular.

—En la papelería tienen un listado de los planes de estudio, libros y clases que necesitas –me respondió, suponiendo que era estudiante de odontología.

Compré los libros y empecé a devorarlos leyendo a toda velocidad (por aquel entonces, estaba aprendiendo muy rápidamente técnicas de lectura veloz). Unos meses más tarde, fui a una fiesta de Año Nuevo en casa de un dentista.

—¿Qué estás haciendo actualmente? –me preguntó.

—Estoy estudiando la articulación temporomandibular –le respondí.

Iniciamos una conversación.

—Tengo un grupo de estudio. ¿Puedes venir y presentar a mi grupo de estudio lo que sabes sobre la articulación temporomandibular? –me propuso.

—Por supuesto –contesté.

Así pues, fui a su casa y, aunque era estudiante de quiropráctica de primer año, hice una presentación de hora y media ante unos veinte dentistas.

—¿Quieres más información? –me pregunto uno de ellos cuando terminé.

—¡Claro! –exclamé.

Volví la semana siguiente, la otra y otra más. Durante nueve meses, estuve presentando información sobre la articulación temporomandibular.

Un buen día, un hombre de estas reuniones me comentó que tenía un grupo llamado Sociedad Craneomandibular del Suroeste y que le gustaría que hablara ante ese grupo.

Como resultado, conseguí hablar sobre la articulación temporomandibular ante doscientos dentistas de este grupo.

Poco tiempo después, otro dentista se dirigió a mí:

—Tengo una asociación dental de cuatrocientos miembros; es grande, básicamente son todos los dentistas de esta región de Texas. ¿Le gustaría hablar ante esta organización?

—Genial –le respondí.

Poco después de esa presentación, tuve la oportunidad de hablar en la Conferencia Dental Americana con los tres mejores especialistas en articulación temporomandibular del mundo. Todo ello tuvo lugar en algo menos de dos años.

Si te centras hasta este punto en un tema específico y luego amplías tu perspectiva y empiezas a relacionarlo gradualmente con todo lo demás, puedes ampliar sin cesar tus conocimientos. Así que empecé a estudiar cuestiones como la relación de la articulación temporomandibular con el desarrollo de la consciencia humana. ¿Cómo se desarrolla en nuestra embriología? ¿Cómo afecta a nuestra alimentación?

Si estudiara cuatro veces más rápido, podría hacer cuatro o más doctorados durante ese mismo tiempo, y pensé que podría llevarlo a cabo. Así pues, empecé a estudiar astronomía y a pronunciar conferencias sobre este tema dos tardes en la Universidad Rice y en la Universidad de Houston. Hice algo parecido con la oncología. Me di cuenta de que la mente no está limitada, salvo por los límites que le imponemos.

El siguiente gran tesoro que llevas dentro es el poder de hacer preguntas. De hecho, la calidad de tu vida se basa en las preguntas que te haces.

Quiero repasar algunas de las preguntas que podrías formularte. Si lo haces y escribes las respuestas, probablemente te sorprenderá lo que descubrirás.

La primera es: «¿Qué me encantaría hacer en la vida?». Cuando era más joven, me hacía esta pregunta. La respuesta que obtuve fue que me encantaría viajar a todos los países de la faz de la Tierra y compartir mis motivaciones con la gente. Eso es lo que escribí.

Hazte la pregunta. No importa si al principio crees que puedes conseguir lo que te pasa por la cabeza; hacer esa pregunta enciende una llama en tu corazón. En las profundidades de la tierra, donde se ocultan los tesoros y se forman los grandes diamantes, hay un poder y una presión geotérmicos. Todo el mundo tiene en su interior ese mismo poder para estallar y explotar con posibilidad.

Así pues, mira a tu interior y pregúntate: «¿Qué me encantaría hacer en la vida?».

La segunda pregunta es: «¿Cómo puedo conseguir que me paguen bien por hacer lo que me gusta?». Si nos permitimos hacer lo que nos gusta y nos pagan por ello, nuestra vocación puede ser nuestras vacaciones. Formúlate preguntas que te permitan hacer lo que te gusta y ser remunerado por ello, de modo que tus acciones y tus recompensas estén correlacionadas. Así podrás vivir una vida motivadora.

Cuando obtengas una respuesta a esta pregunta, puede que al principio pienses «No lo creo. Es imposible que pueda hacerlo». Pero sí que puedes. He formulado estas preguntas a miles de personas y he hecho que anotaran sus respuestas. De repente se les ha encendido la bombilla y han exclamado: «¡Dios mío, puedo hacerlo!».

Coge papel y lápiz, o el ordenador, y escribe las respuestas a estas preguntas: «¿Qué me encantaría hacer en la vida? ¿Cómo puedo conseguir un buen sueldo por ello?».

La siguiente pregunta es: «¿Cuáles son los siete pasos más importantes y prioritarios que puedo dar hoy para estar un paso más cerca de hacer realidad este objetivo?». Porque, aunque sólo des pequeños pasos hacia tu objetivo todos los días, tarde o temprano se hace realidad. Es cuestión de reducir los grandes proyectos a pequeños bocados. Si das un pasito de bebé cada día, poco a poco coges impulso y, de repente, lo dominas.

Hablé con una señora de Quebec, en Canadá. Le pedí que respondiera a esas preguntas y me dijo que no se le ocurría nada.

—Vuelve a intentarlo; sigue buscando; sigue indagando –le dije.

De repente, con una lágrima en los ojos, dijo que se le había ocurrido una idea:

—Me encanta viajar por el mundo y también bailar. Me gustaría que me pagaran por bailar. Pero no sé cómo puedo conseguirlo.

Estuvimos pensando un momento y, de repente, se dio cuenta de que podía reunir a un grupo de personas de su estudio de danza y llevárselas de viaje a España. Podría encontrar a uno de los mejores bailaores de flamenco y hacer que su grupo aprendiera de él. Organizó un viaje para unas quince personas que pagarían miles de dólares, verían los monumentos y bailarían toda la noche aprendiendo de uno de los grandes maestros. Creo que ganó unos 4700 dólares sólo porque aprendió a formular y a responder estas tres preguntas. Ahora tenía un negocio en el que llevaba a la gente de viaje a bailar.

Independientemente de cuál sea tu verdadero objetivo o sueño, es posible. Me asombra lo que ocurre cuando la gente se formula estas preguntas. Durante mis seminarios, la gente se dirige a mí con historias extraordinarias sobre lo que ha descubierto.

Una vez que tengas esos siete pasos de acción puedes preguntarte: «¿Qué obstáculos podrían interferir con ese objetivo? ¿Cómo puedo resolverlos de antemano?». Es aconsejable tener un plan preventivo con antelación. Pregúntate: «¿Y si sucede esto?». Piensa en lo que podría pasar y cómo te enfrentarías a ello. Con un plan no estás reaccionando, sino que estás actuando. Como habrás oído, la gente que no planifica lo que hace es planificar para el fracaso. Cuando tienes cierta previsión, los obstáculos no son un problema. Sólo tienes que seguir avanzando hacia tu sueño.

La siguiente pregunta que debes hacerte es: «¿Cómo puedo hacer lo que estoy haciendo de una forma más eficaz y eficiente? ¿Cómo puedo actuar de un modo más eficaz hacia mi sueño?».

La última pregunta es la siguiente: «Independientemente de lo que haya pasado a lo largo del camino, ya sea positivo o negativo, se perciba como agradable o mezquino, ¿de qué me ha servido?». Cuando puedas responder a esta pregunta, en lugar de sentir desavenencia y frustración, te cargarás de energía.

Al formular estas preguntas de calidad, conseguimos una vida diferente. Yo empecé a hacerlo hace muchos años y hoy vivo una vida extraordinaria. Hoy me siento bendecido porque he aprendido a manejar mi mente y a formular estas preguntas.

Como he dicho, tienes grandes tesoros en tu mente, pero puede que no los hayas desvelado aún. Uno de los mayores tesoros es la capacidad de formular preguntas de calidad (aquellas que te inspiran) y encontrar soluciones a los obstáculos que percibes que pueden interferir con tus motivaciones. Haz estas preguntas y observa qué sucede.

Como conferenciante profesional, llevo muchos años viajando. Me he preguntado: «¿Cómo puedo hablar en las Grandes Pirámides de Egipto? ¿Cómo puedo hablar en el Gran Anfiteatro de Grecia? ¿Cómo puedo hablar a lo largo de la Gran Muralla China?». A partir de la formulación de estas preguntas y del seguimiento de los pasos que acabo de esbozar, todas estas cosas se han hecho realidad en mi vida.

No subestimes el poder de las preguntas que te haces. Las preguntas extraordinarias conducen a resultados extraordinarios... a aquellos te mereces. Hay un tesoro enterrado dentro de ti: las preguntas que te haces. Tómate tu tiempo para desvelarlas, desenterrarlas y añadirlas a los demás tesoros de tu mente.

Imagina que alargas la mano y agarras este tesoro. Visualizándolo mentalmente, quiero que te imagines con exactitud cómo vas a vivir hoy tu vida.

Al principio, puedes estar algo confuso y puede resultar un poco incómodo, pero quiero que excaves y clarifiques en tu mente de manera exacta cómo te gustaría vivir hoy tu vida.

Soy un quiropráctico jubilado. Cuando tenía mi consulta, me sentaba en mi despacho antes de empezar el día y cerraba los ojos. Visualizaba a todos los pacientes que entraban. Independientemente de cuáles fueran sus preocupaciones o problemas, me los imaginaba de alguna manera encontrando una solución y consiguiendo sanar.

No puedo explicar el poder de esta práctica, pero te sentirás agradecido cuando la hayas experimentado. He visto cómo muchas de estas visualizaciones se hacían realidad. Me imaginaba a pacientes que entraban y me formulaban preguntas y afirmaciones y yo les respondía. Ese mismo día, esas personas me hacían esas mismas preguntas. Se me saltaban las lágrimas pensando «Dios mío, esto es increíble: el poder de la mente cuando visualizamos».

Podemos crear nuestros resultados. Yo lo llamo el poder de la intención. Cualquier cosa que tengamos en el corazón y que nos gustaría crear en la vida, si podemos visualizarla y centrarnos en ella con mayor detalle, podemos ayudar a que se haga realidad. Así es como Tiger Woods creó sus grandes resultados en el golf. Así es exactamente como grandes deportistas como Michael Phelps alcanzan sus objetivos: pueden verlos por adelantado en su mente.

Sabes que tienes una visión vívida cuando eres capaz de expresártela a ti mismo o a los demás con total claridad y fluidez.

Tu vitalidad se dispara y tienes un poder enorme. De hecho, la vitalidad de tu vida es directamente proporcional a la intensidad de tu visión.

Tu mente tiene la capacidad de visualizar las cosas con tal detalle que creo que afecta a los campos cuánticos que te rodean e impregnan el universo. Altera a las personas, los lugares, las cosas, las ideas y los acontecimientos de tu vida, y hace que tus deseos se hagan realidad. Creo que estamos hechos con el poder de esta creatividad y que tenemos capacidades extraordinarias en nuestro interior. Sólo depende de nosotros aplicarlas.

La visualización es una de nuestras mayores capacidades. Si nos honramos con una gran visión, mantenemos esa visión y no la perdemos de vista, puede generar un enorme poder creativo.

Cuando era niño tenía dificultades de aprendizaje. Cuando tenía diecisiete años, conocí a un gran profesor. Me dio la oportunidad de pasar por este tipo de experiencia de meditación. Tuve una visión de mí mismo hablando. En ese momento, era lo último que imaginaba que aparecería en mi mente. Pero lo hizo, y fue muy intenso y evidente que yo me encontraba allí; me fusioné con la visión. En ese momento, fue como si estuviera hablando a un millón de personas. Desde entonces esa imagen me ha acompañado, me ha motivado y me ha hecho llorar.

Esa visión, que he tenido desde que tenía diecisiete años, es ahora una realidad. Estoy viviendo exactamente la vida que visualicé. Tú puedes hacer lo mismo, aunque hayas tenido miedo de dejar que esa visión saliera a la luz. Puede que hayas dejado que los miedos de la vida te detuvieran. Puede que hayas dejado que la autoridad te dijera que no puedes hacerlo. Puede que hayas pensado que fracasarías o que no serías capaz de ganarte la vida haciendo lo que imaginas. Puede que hayas temido perder a tus seres queridos o ser rechazado. Puede que hayas pensado que no tienes la capacidad mental o física. Pero la verdad es que, si tienes una visión, tienes la capacidad de crearla, aunque puede que necesites ayuda de vez en cuando a lo largo del camino.

Visualiza cómo quieres que sea tu vida. Recorta imágenes de las cosas que te gustaría crear en tu vida y elabora un guión de cómo te gustaría que fuera tu vida. Yo tengo un libro en el que guardo cada una de las visiones y sueños que he tenido, y lo llevo conmigo en mi ordenador. No sabes cuánto ha influido sobre mi vida y sobre las personas con las que lo he compartido cosas.

Visualiza cómo quieres que sea tu vida. Una vez que lo tengas claro en tu mente, articúlalo, anótalo y afírmalo como si hoy ya fuera real.

Cuando tenía diecisiete años, no me consideraban un genio. Había abandonado los estudios y tenía dificultades de aprendizaje. Ni siquiera había leído nunca un libro de cabo a rabo. Pero el caballero del que hablo, Paul Bragg, me dijo que me repitiera cada día que soy un genio y que aplico mi sabiduría. Me comentó que repitiera mi afirmación y mi visión cada día durante el resto de mi vida y que visualizara cómo sería. Como consecuencia de ello, se desveló y sacó de mí algo que ni siquiera sabía que tenía dentro, igual que hará contigo. Si buscas en tu interior y afirmas y visualizas exactamente cómo quieres que sea tu vida, progresarás en esa dirección.

No puedes plantar flores en el jardín de tu mente sin cuidarlas. Para anular cualquier mala hierba que pueda surgir, céntrate en cómo quieres que sea tu vida y observa lo que ocurre.

Cuando me estaba mudando a mi segunda oficina, visualicé la oficina de mis sueños en mi mente. Y apareció. Hoy en día, treinta y seis años después, tengo la oficina de mis sueños que había visualizado.

La visualización es poderosa. No importa lo que visualices, utilízalo, porque su poder reside en la acción. Cierra los ojos, visualiza exactamente cómo quieres que sea tu vida y observa cómo empieza a emerger el poder mental creativo que llevas dentro, el poder de la intención.

El poder de la visualización funciona si lo aplicas. Has de saber que tu pensamiento dominante más interno se convierte en tu realidad tangible más externa. Visualiza, piensa y afirma exactamente cómo quieres que sea tu vida en lugar de cómo no deseas que sea.

Aprendí esto de un episodio de The Twilight Zone cuando era un niño. Trataba de un tipo cuyo cerebro crecía más y más cada vez que leía un libro. Al cabo de un tiempo, empezó a leer libros siguiendo la técnica de la lectura veloz y a hojear bibliotecas; su cabeza se iba desarrollando a medida que lo iba absorbiendo todo.

Eso es lo que yo visualizaba. Me visualicé entrando en bibliotecas y absorbiendo información. Cuando sobrevuelo ciudades, me imagino todas las bibliotecas y me veo absorbiendo la información que hay en ellas. ¿Por qué no utilizar la mente y la visualización? Visualiza lo que quieres y cómo te gustaría hacerlo, y ten claro que esas visiones florecerán.

Cuando tenía diecisiete años, tuve esa visión de ponerme delante de un gran grupo de personas y la he mantenido hasta hoy. Y año tras año, el número de personas a las que hablo sigue creciendo.

¿Qué quieres decirte a ti mismo? ¿Cómo quieres hablarte a ti mismo? ¿Qué quieres ver en ti mismo? Verte a ti mismo despierto y con una capacidad increíble para aprender. Debes decirte a ti mismo: «Soy un maestro de la lectura. Todo lo que leo lo retengo, soy un maestro de la retención; lo absorbo todo. Cuando lo necesito, sé que está ahí».

¿Qué pasaría si te concedieras permiso para despertar a tu genio? Creo que ése es uno de los poderes de la vida: estamos aquí para despertar nuestro genio mental. Un genio, como yo lo defino, es aquel que escucha la voz interior que le incita y sigue su visión interior. Pueden tener a todo el mundo en contra, pueden ser ridiculizados o verse rechazados violentamente, pero no dejan que nada les aleje de esa visión. Si esa voz y esa visión del interior son mayores que las opiniones del exterior, finalmente las opiniones del exterior seguirán la visión del interior.

2

El secreto y poderoso tesoro
del impulso empresarial,
los logros, las transacciones justas
y sostenibles y el servicio

A todo el mundo le gustaría sentirse exitoso. Ése es uno de los grandes tesoros: tener éxito y satisfacción. Pero ahora me gustaría romper moldes y explicarte algo que tal vez no se te haya ocurrido antes.

Una vez vino un médico a mi consulta porque me quería proponer algo:

—Dr. Demartini, tengo que contratarlo para que me ayude a tener éxito.

—Genial –le dije–. Cuénteme un poco más.

—Tengo una consulta y no me va tan bien como me gustaría. Me gustaría tener una consulta más grande.

—Muy bien. Explíqueme. ¿En qué está teniendo éxito actualmente?

—Dr. Demartini, usted no está escuchando lo que estoy diciendo. No tengo éxito y quiero que me ayude a tener a tener éxito.

—Muy bien. Responda. ¿En qué está teniendo éxito?

—Dr. Demartini, no me está escuchando. No tengo éxito. Quiero tenerlo. Para eso estoy aquí.

—Estupendo. Ya lo entiendo. Así pues, ¿en qué está teniendo éxito en su vida?

—Que no tengo éxito.

—Sí que lo tiene. Quiero que se vuelva a fijar. Usted ya tiene éxito; su éxito está en consonancia con los valores más altos de su jerarquía de valores. Fíjese bien. ¿En qué tiene éxito en su vida? Fíjese atentamente en aquella parte de la vida que es verdaderamente más importante para usted.

—Ah, sí. Creo que tengo una relación con mi mujer que es verdaderamente asombrosa. Llevamos casados unos diez años. Supongo que eso es tener mucho éxito.

—¿En qué más tiene éxito?

—Supongo que tengo una gran relación con mi hijo. Está en el equipo de béisbol, del que soy entrenador, y puede que este año ganemos el campeonato. Tenemos una relación muy estrecha.

—¿En qué más tiene éxito?

—Todos juntos cultivamos nuestro jardín y esperamos conseguir ganar el premio de jardín del año de nuestra comunidad. Puede que lo consigamos. Trabajamos juntos para conseguirlo.

—¿En qué más tiene éxito?

—Mi suegra vive con nosotros. La mayoría de la gente no se lleva bien con su suegra, pero nosotros tenemos una relación estupenda. Supongo que eso es tener éxito, porque era un objetivo.

—¿En qué más tiene éxito?

—Ayudo en la iglesia y a veces doy algunas clases. Era un objetivo que me había marcado.

—¿Puede ver que tiene éxito en su vida?

—Sí.

—Ahora bien, para sentirse fracasado, debe comparar su éxito con el de otra persona. Así pues, explíqueme, ¿con quién se está comparando?

—Supongo que me estoy comparando con ese médico que vive en la colina. Tiene una casa grande y coches espectaculares.

—Vale. Este médico que vive en la colina… ¿qué relación tiene con su mujer?

—Están teniendo algunos problemas.

—¿Y sus hijos?

—Uno de sus hijos tiene problemas con las drogas y lo están pasando mal.

—¿Y su jardín?

—Creo que ni siquiera salen a su jardín. No le prestan atención porque están muy ocupados. Sólo tienen gente que lo cuida.

—¿Y la suegra?

—Creo que se mudaron a este estado para alejarse de ella.

—¿Y la iglesia?

—No sé siquiera si va a la iglesia. No sé si ése es su enfoque.

—¿Puede ver que este hombre tiene un conjunto de valores y usted tiene unos valores completamente diferentes? Por eso tienen áreas de éxito diferentes en su vida –le expliqué.

—Bueno, ahora que lo dice, sí.

—¿Y sacrificaría los suyos por los de él?

—No, por Dios.

—Pues entonces dese cuenta de que por eso tiene lo que tiene. Sus valores le han llevado a su forma de éxito. Pero a veces, cuando pasamos por la vida, infravaloramos nuestra forma de éxito y pensamos que alguien tiene una forma mejor. Eso no quiere decir que no podamos ampliar nuestras formas de éxito o disfrutar de algunas de las cosas que ellos tienen. Sólo significa que no queremos restar importancia a nuestros propios éxitos, minusvalorarnos y subordinarnos a otras personas.

—No me había dado cuenta de que tenía eso. Ahora que lo pienso, realmente preferiría tener lo que tengo. Pero ¿hay alguna forma de hacer crecer mi consulta sin tener que sacrificar mi vida familiar por ello? —me preguntó mientras me miraba con los ojos llorosos.

—Lo ha hecho bien —le dije—. Por eso tiene lo que tiene. Se ha asegurado de ganar suficiente dinero para ocuparse de todas las cosas que son realmente importantes para usted. Pero si quiere ampliar su consulta, puedo darle algunos consejos. Puedo darle algunas ideas sobre cómo hacer crecer un negocio.

Llegados a ese momento, en lugar de machacarse, empezó a agradecer su éxito.

Por favor, sea lo que sea lo que tengas en la vida, agradece eso primero. Cuando estás agradecido por lo que tienes, consigues más cosas por las que estar agradecido, pero no pienses que te falta eso desde el principio. Como ya he subrayado, no falta nada, sólo que está de una forma que tal vez no estés reconociendo. Tu jerarquía de valores dicta tu destino. Cuando cambian tus valores, también lo hacen tus destinos a lo largo de la vida.

Tu éxito ya está ahí. Ése es el tesoro secreto que quieres agarrar primero. Realmente tienes éxito; tu potencial actualizado ya está ahí. No lo infravalores, no pienses que tienes que conseguirlo; está ahí. Si queremos transformarlo, vamos a por ello. Te voy a dar las claves del éxito empresarial que te gustaría tener y tal vez de la riqueza.

Una vez más, tu jerarquía de valores dicta la forma que adopta tu éxito o tu fracaso. No envidies a los demás ni los pongas en un pedestal. La envidia es ignorancia y la imitación es suicidio. Si pones a esas personas en un pedestal, inyectas sus valores en tu vida; intentas vivir sus valores. Cuando esto va en contra de tus propios valores, necesitas una motivación externa para mantener tu disciplina. Esto es así porque no respetas tus valores más importantes. Cuando respetas tus valores más importantes y te quieres por lo que eres, despiertas tu propio éxito verdadero, sea cual sea. Cuando te das cuenta de que ya tienes éxito, como hizo el caballero que vino a mi consulta, entonces, si quieres cambiar su forma, todo lo que se requiere es cambiar la jerarquía de tus valores.

Dicho esto, ¿cómo se cambia la forma del éxito? En este momento, puede que estés trabajando por cuenta ajena, pero que en el fondo de tu mente tengas un presentimiento sobre el negocio de tus sueños. Puede que estés empezando por tu cuenta como empresario. Puede que ya tengas éxito. De todos modos, presta mucha atención, porque estos tesoros secretos te servirán.

Si no sabes qué vas a hacer con tu negocio, tu visión y tu objetivo, o el resultado deseado, no vas a manifestar el éxito en la medida en que podrías hacerlo si tuvieras una visión cristalina de hacia dónde te diriges. Se trata de un elemento clave para hacer crecer un negocio increíble.

Ésta es una conversación típica que he tenido con muchos empresarios:

—Quiero hacer crecer el negocio, pero me he quedado estancado. No consigo abrirme camino.

—¿Hacia dónde quiere llegar? ¿Adónde piensa llevar el negocio? –les pregunto.

—No estoy seguro. Sólo sé que quiero hacerlo crecer.

—¿Y cuál es el objetivo?

—Duplicar el mercado.

—Eso es vago. ¿Qué significa? ¿Qué va a hacer concretamente? ¿Qué servicio va a ofrecer, a quién se lo va a ofrecer y cuándo lo va a hacer? ¿Dónde lo va a hacer? ¿Por qué y cómo?

Si no te haces las preguntas de quién, qué, cuándo, dónde, cómo y por qué, no tendrás claro hacia dónde vas a llevar tu negocio. Sin un rumbo fijo, avanzará a trompicones.

Por cierto, si quieres emprender un nuevo negocio, a menos que elabores un plan y lo tengas muy claro, es poco probable que lo consigas. Y si no reflexionas sobre tu plan lo suficiente como para detallarlo, cualquier detalle que omitas acabará convirtiéndose en un obstáculo.

Así pues, el primer secreto es tener claro adónde quieres llevar tu negocio. Cuanto más claro lo tengas, más vitalidad tendrá el negocio. No puedes dedicarte en cuerpo y alma a tu empresa sin tener una visión clara. Debes tener claro cuál es el nivel «alma».

Ve a tu interior, activa tu voz y tu visión interiores, y ten claro lo que vas a hacer. ¿Qué labor vas a prestar? ¿Cómo vas a hacerlo? Cuando tengas claro tu objetivo, tendrás un mensaje que podrás filtrar a tus empleados y clientes.

La claridad te ahorrará muchas horas de trabajo. Trabajar en tu negocio da más dividendos que limitarte a hacer lo mismo esperando resultados diferentes. Así pues, dedícate a ello y tenlo claro.

A menudo la gente se limita observar de manera superficial su negocio y espera resultados de fantasía. Cuando construyo mentalmente mi negocio, me visualizo pisando todos los países de la faz de la Tierra. Me veo entrando en los grandes hoteles y en los grandes centros de convenciones y apareciendo en los medios de comunicación. Lo visualizo en mi mente y se manifiesta.

Concéntrate, concéntrate. La energía clara y concentrada atrae las oportunidades, pero no te mantendrás concentrado si tu objetivo o tu propósito principales no se alinean con tus valores más importantes.

Si no le das un gran valor a construir un negocio o a ofrecer un servicio, seguirás frustrándote, porque seguirás dirigiéndote a otras acciones que son más importantes para ti y distrayéndote de tu negocio. Si realmente quieres crear un negocio, tenlo claro y asegúrate de que se alinea con tus valores más importantes. De ese modo estarás motivado, porque cuando no puedes esperar a levantarte por la mañana para ir a trabajar, la gente no puede esperar para obtener tus servicios.

Si ir a trabajar no te motiva, quizá quieras dedicarte a otra cosa. Si no estás motivado, estás frenando a la empresa en la que trabajas.

Estuve en Las Vegas haciendo una presentación y después fui a ver actuar a Celine Dion. Antes de empezar a cantar, dijo algo muy importante: «Cada día, todos los que se encuentran en este escenario hacen lo que aman y aman lo que hacen. Aquí, todo el mundo ama actuar, bailar y cantar, y éste es mi mayor sueño: estar aquí arriba y actuar para vosotros. No sacrifiquéis vuestra vida haciendo cualquier cosa».

Para mí, se trata de eso. Si tu corazón y tu alma están centrados en tu trabajo, puedo garantizarte con casi total seguridad que tu negocio prosperará. Es imposible que te entusiasmes y vayas a trabajar y no te llegue más negocio.

Ten clara tu misión. Ten claros tus objetivos y tus metas. Asegúrate de que se alinean con tus valores más grandes. Asegúrate de expresárselos claramente a todas las personas que trabajan para ti. Si trabajas para otra persona, empieza a expresarlos dentro de la empresa para la que trabajas. Así conseguirás ascensos y oportunidades o el coraje suficiente para iniciar tu propio negocio. Pero no vayas a trabajar y seas un peso muerto; no seas un mero empleado. Sal de ahí y dedícate a algo más grande. Haz algo que te guste y ten claro qué quieres ofrecer.

Tuve la oportunidad de dar una charla en IBM, en Houston. Alrededor del 75 % de los asistentes no se sentían motivados; yo me encontraba allí para ayudarlos a estar motivados en su trabajo. Cuando terminé de hablar, algunas personas decidieron renunciar a su puesto de trabajo y dar un paso adelante. Los demás decidieron centrarse y la compañía creció gracias a ello. Eso es exactamente lo que ocurrirá en tu empresa si estás motivado y tienes un objetivo y una visión claros.

Ten presente que el tesoro secreto te espera en tu interior. Si estás motivado y permites que aflore, pueden ocurrir cosas increíbles. Estamos aquí para servir. Estamos aquí para recoger las recompensas de todos los diamantes con los que brillamos.

Llevo mucho tiempo diciendo que el mundo es mi hogar y que cada país es una habitación más de la casa. Haré lo que haga falta, recorreré cualquier distancia y pagaré cualquier precio para prestar mi servicio de amor. Pisaré todos los países de la faz de la Tierra hasta conseguirlo. Éste es mi sistema de valores, así que eso es lo que ha sido perceptible en mi vida. Creí que atraería a las personas, los lugares, las cosas, las ideas y los acontecimientos adecuados. Creí que estaría en el lugar adecuado en el momento correcto para conocer a las personas adecuadas para hacer realidad esa visión. Y eso es lo que ha pasado. Hasta la fecha he hablado en ciento setenta países. Aquellos que pierden la visión perecen; se van por las ramas, vuelven a empezar y luego reconstruyen. Aquellos que mantienen la visión y perseveran prosperarán. Nuestro pensamiento dominante más interno se convierte en nuestra realidad más tangible, por lo que cambian el campo cuántico. El campo cuántico intenta equilibrar la mente y hacerla agradecida, segura, amorosa y presente. La matriz del amor se encuentra en esta tierra. El campo de la consciencia está tratando de ayudar a todo el mundo a vivir fiel a sí mismo.

Cuando estudié la investigación sobre el cerebro, vi que el cerebro intenta hacer esto mismo por las personas. Vi lo mismo cuando estudié psicología, desarrollo empresarial, ecosistemas, ecología y sociología. Todos apuntan a ayudar a la gente a maximizar su potencial, pero no lo vemos. Todo lo que ocurre a tu alrededor actúa como un feedback para que seas el tú más auténtico y motivado.

Hoy tal vez quieras arrodillarte a un lado de tu cama como un niño y decir con humildad: «Querido Universo, Querido

Dios, Querida Fuente, Querida Alma Interior, Querido Yo Auténtico, revélame para qué estoy aquí». No te detengas hasta que lo tengas claro. Actualmente sigo haciéndolo. Si das una lección de humildad ante ese campo de órdenes, las voces se convertirán en la voz. Cuando esa voz interior y esa visión son mayores que toda oposición y opiniones en el exterior, has dominado tu vida.

Al igual que las plantas crecen hacia el sol, las personas crecen hacia niveles de iluminación. Si nos iluminamos reconociendo nuestra magnificencia, la gente se sentirá atraída hacia nosotros, porque también estamos dando permiso a los demás para vivir la vida de verdad. Si haces esto en un negocio, no puedes impedir que crezca.

Cuando contrato gente para mi negocio, hago un pequeño ejercicio. Después de repasar los detalles habituales sobre sus aptitudes laborales y su experiencia, les pregunto qué harían con diez millones de dólares. A veces les extiendo un cheque por esa cantidad y se lo muestro. Les pregunto: «Si el primer cheque que te diera fuera de diez millones de dólares y no tuvieras que trabajar ni un día más en tu vida, ¿qué harías?».

Esto desconcierta por completo a los candidatos. Abandonan cualquier fachada con la que llegaron y hablan de lo que en realidad les gusta hacer. Si lo que dicen no coincide exactamente con lo que estoy buscando, les digo: «Muchas gracias. Eso es todo», y sigo adelante. He aprendido que, si contratas a alguien que no está motivado por su trabajo, acabas añadiendo sobrecostes a tu negocio en lugar de productividad.

Utilicé este proceso con una señora. Ella ni siquiera sabía todo lo que yo hacía, pero su sueño, su historia y sus habilidades encajaban con la descripción del puesto que yo estaba buscando. Trabajó para mí durante casi dos décadas, hasta que falleció, e hizo un trabajo increíble. Fue directora de mi empresa.

Si aceptas un trabajo que no te motiva, no es tan probable que ayudes a la empresa; sólo estás haciendo tu trabajo por seguridad y miedo. Y si contratas a alguien que no está verdaderamente motivado por el trabajo, sólo estás añadiendo un lastre a la empresa.

Hace años quería contratar a un gerente para mi consulta. Un señor entró en mi despacho con un maletín. Tenía unos cincuenta años.

—Dr. Demartini —dijo—, soy el hombre adecuado para el puesto. Sé que puedo gestionarlo.

—¡Oh, genial! —le contesté.

Entonces rellené un cheque a su nombre por diez millones de dólares y se lo entregué. Parecía desconcertado.

—¿Qué haría con su vida si tuviera diez millones de dólares y no tuviera que trabajar más? —le pregunté.

—Sé lo que haría —respondió—. Me encanta tallar, trabajar la madera y hacer muebles.

—Muchas gracias. Le agradezco la entrevista. Eso es todo.

—¿Eso es todo?

—Eso es todo.

—¿Va a contratarme?

—No.

—¿Por qué?

—Muy sencillo. Si es tan buen gestor y le encantaría ser carpintero pero no ha sabido gestionar su propia vida para serlo, ¿por qué voy a esperar que sea capaz de gestionar mi empresa?

Humilde, bajó la mirada y dijo:

—Dr. Demartini, me acaba de hacer una gran pregunta. Tiene usted toda la razón. Si no he gestionado mi vida, es esperar mucho para poder gestionar toda una empresa —respondió con humildad y la mirada baja.

Me dio la mano y se marchó.

Tres semanas después, volvió a mi despacho y me preguntó si podía reunirse conmigo de nuevo. Llevaba una bolsa de papel.

—Dr. Demartini, usted cambió mi vida hace tres semanas. Cuando me hizo esa pregunta, me hizo reflexionar profundamente. Llevo tres meses buscando trabajo y no lo he encontrado. Pensé ¿qué puedo perder? ¿Por qué no intento crear la empresa de mis sueños? ¿Por qué no me lanzo y empiezo a crear una empresa de fabricación de muebles?

»Así que empecé a explicárselo a la gente. Y de repente conseguí un cliente. Le estoy haciendo unos muebles y ya tengo un negocio. Quiero darle las gracias, porque nunca lo habría hecho de no ser por lo que me dijo.

»Cuando estuve en su oficina la última vez, vi el colorido y las vetas de su carpintería. Me di cuenta de que tenía cajas de pañuelos de papel en sus mostradores, pero no estaban cubiertas. Dr. Demartini, me gustaría ofrecerle un regalo en agradecimiento por lo que ha hecho por mí.

Había creado unos preciosos portaKleenex que hacían juego con mi carpintería.

—Me encantaría instalárselos –prosiguió–. Sólo quiero que se acuerde de mí, porque usted me motivó.

Yo también quiero recordarlo. Este hombre me confirmó la importancia de negarse a conformarse con algo que no es lo que realmente te gustaría hacer en tu vida. Puede que ahora mismo estés desempeñando un trabajo que no te motive. Mantén los ojos abiertos, céntrate y empieza a planificar y diseñar cómo te gustaría que fuera en realidad. La mediocridad no es la forma de vivir tu vida.

Esto no significa dejar lo que estás haciendo y salir a correr riesgos salvajes. Significa que debes empezar a planificar ya. Si no lo haces, planificas el fracaso. Empieza a planificar ahora exactamente lo que de verdad quieres hacer. Pasa de lo que no te motiva a lo que te motiva espontáneamente y observa lo que sucede: tu vitalidad subirá como la espuma.

Hacer lo que te gusta te proporcionará un enorme chute de energía. Creo que estamos hechos con una luz brillante en nuestro interior. Podemos iluminar el camino de los demás y darles permiso para vivir las vidas y tener las carreras que se merecen. Quiero que sepas que te mereces hacer lo que amas y amar lo que haces.

Una vez planificada la estrategia, conviene establecer una estructura funcional. ¿Quién va a hacer qué? ¿Qué funciones son necesarias para cumplir tu objetivo? A continuación, ubica a las personas en esas funciones. Elabora un organigrama que indique exactamente quién y qué va a ser necesario para llevar a cabo esa tarea.

Cuando tengas la estructura organizativa, establece las responsabilidades: necesito a alguien que investigue; necesito a alguien que escriba a máquina; necesito a alguien que produzca libros; necesito a alguien en promoción, necesito a alguien que se ocupe de las finanzas, necesito a alguien que se encargue de los preparativos de los vuelos, etc. Una vez que tenga los puestos necesarios para cumplir mi objetivo, encontraré a las personas para cubrirlos.

Si tienes un trabajo que no te motiva, te enseñaré cómo convertirlo en algo motivador. Haz una lista de todo lo que haces en un día de trabajo. Anótalo todo: lo que te gusta, lo que te disgusta, lo que te frustra, lo que te resulta tedioso… todo. Redacta esta lista en la columna izquierda de tu folio.

Escribe en el lado derecho la misión y los objetivos de la empresa para la que trabajas. Si no lo sabes, consulta a tu jefe o superior y pregúntaselo, o búscalo en Internet.

En la columna del medio, escribe las siete cosas más importantes de tu vida, los verdaderos sueños y objetivos por los que trabajas: tu objetivo, lo que te motiva.

Una vez tengas esas tres columnas, haz lo siguiente: entre las columnas uno y dos, al lado de cada una de las actividades de tu trabajo, escribe cómo te ayuda cada actividad a cumplir tus objetivos.

Escoge algo que te resulte frustrante o tedioso. Hazte esta pregunta: «¿Cómo me ayudará esta actividad a cumplir mis sueños, mis objetivos y lo que es más importante para mí?».

Al principio, dirás que no; por eso lo consideras tedioso. Pero créeme, no es lo que haces, sino cómo lo percibes. Vuelve a observar la tarea. Ten presente que cualquier cosa que ocurra en tu vida puede ayudarte a cumplir tu objetivo. Mira más profundamente de lo que has mirado nunca. No te rindas; no te pongas excusas; responde a esta pregunta. Si tu mayor valor es formar una familia encantadora o ahorrar para estudiar, ¿cómo te ayudará a conseguirlo hacer esa actividad concreta? Escribe no sólo una respuesta, sino un mínimo de diez. Veinte es incluso mejor.

He propuesto este ejercicio en empresas de todo el mundo. Al principio, todos creen que no pueden hacerlo, pero una vez que empiezan a indagar, exclaman: «¡Dios mío, sí que puedo!», y escriben diez o veinte formas en las que esa actividad les ayuda a cumplir sus valores más importantes. Vinculan esas actividades a su corazón, a su cerebro, a sus valores más importantes y a lo que tiene sentido. De repente, la tarea deja de ser tediosa. Cuando el cerebro ve cómo consiguen lo que quieren, van a trabajar para sí mismos, no para el trabajo. Nadie va a trabajar por el bien de una empresa. Van a trabajar para satisfacer sus valores más importantes, lo que tiene más sentido para ellos.

Hazlo de uno en uno, avanzando en tu lista. Si lo haces a conciencia, escribiendo diez o veinte respuestas para cada tarea, la frustración por ese trabajo se reducirá. Ahora es más ligero y tienes más ganas de ir a trabajar. Sé que este proceso conlleva cierto trabajo, pero dedicar unas pocas horas a él te ahorrará enormes cantidades de energía y tiempo. Te permitirá amar lo que haces temporalmente mientras desarrollas tu plan para hacer lo que en realidad te gusta.

Una vez que hayas pasado por este proceso para cada una de las actividades o de las responsabilidades de tu trabajo, formúlate esta pregunta y respóndela repetidamente: «¿De qué manera concreta el cumplimiento del objetivo de mi empresa actual me está ayudando a cumplir mis valores más importantes o mi objetivo a largo plazo?». Si lo haces, descubrirás que cumplir el objetivo de la empresa también te está sirviendo a ti. Es una transición, si no otra cosa. Te está proporcionando herramientas, pistas, oportunidades, habilidades.

No seas tan ciego como para pensar que tu trabajo no te está sirviendo. Averigua cómo lo hace. Investiga y establece esos vínculos y asociaciones. Piensa en cincuenta o cien maneras en las que trabajar para esa empresa te resulta útil en la vida.

Si relacionas la descripción de tu trabajo con los valores más importantes de tu vida y el objetivo de tu empresa con esos mismos valores, tu trabajo será más motivador. Tendrás más energía libre y más vitalidad; te levantarás antes por la mañana. No te sentirás tan frustrado y agotado al final del día. Aportarás más amor y agradecimiento a tu familia; tenderás a comer más sabiamente y no estarás deprimido. Te sentirás socialmente más interactivo con los compañeros del trabajo, porque verás cómo te están sirviendo.

Mientras haces este proceso, si este trabajo no forma parte de tu visión a largo plazo, empieza a hacer planes para esa visión. Pero da las gracias por este trabajo, porque aun así te está ayudando a acercarte a tus sueños. Está en el camino, no estorba.

No se trata de lo que te ocurre, ni siquiera de lo que haces. Va de cómo percibes las cosas. Tienes el poder de percibir tu trabajo de forma diferente. Ése es el mayor regalo: tu mente tiene el poder de transformar la percepción que tienes de tu trayectoria. Tienes el poder de cambiarla. Y también de transformar y construir la trayectoria de tus sueños. Establece esos vínculos; tómate el tiempo necesario; merece la pena; tú lo vales. Recuérdate a ti mismo: «Me merezco la transformación. Me merezco hacer lo que amo y amar lo que hago».

Observa qué ocurre. Esta actividad electrizará el tesoro secreto de tu propia brillantez. Casi puedo garantizarte que, si lo haces, se lo transmitirás a otras personas de tu empresa, incluso a tu familia, porque puede que no estén amando lo que hacen. Se merecen compartirlo. Compártelo con ellos y contigo mismo, y observa la diferencia.

Cuando encuentres a alguien que sueña con hacer lo que tú quieres que haga, concédele la oportunidad de formarse. No lo pongas a trabajar sin formarlo. Si no formas a esa persona, es posible que no seas capaz de delegar de manera eficaz. Si no puedes delegar, estás estancado.

Permite que lo que haces resulte más eficiente. Realiza una lista de todo lo que haces en tu trabajo y priorízalo. A continuación, fíjate en las tareas más prioritarias, es decir, en aquellas que son más gratificantes, importantes, productivas y rentables.

A continuación, resta el 20 % final de esa lista y asigna esas tareas a alguien que se sienta motivado para hacerlas. Invirtiendo el tiempo que has ahorrado al quitarte esas tareas de encima, puedes salir y producir más que el coste de esa persona y ella, a su vez, puede producir más beneficios para ti.

Es sabio y esencial delegar para progresar a otro nivel. Hazlo cada trimestre. Revisa la lista y comprueba si puedes delegar más responsabilidades, porque no actualizarás tu vida mientras sigas haciendo cosas poco prioritarias o desesperadas.

Mientras tanto, pregúntate sobre las acciones que estás haciendo en tu vida cotidiana. Si de todos modos vas a hacerlas, más vale que te motiven. Pregúntate: «¿Cómo me ayuda lo que estoy haciendo en mi trabajo a cumplir mis valores más importantes?». Cuando lo descubras, los trabajos más mundanos pueden convertirse en motivadores.

Identifica el 25 % de las tareas que te aportan el 75 % del valor y sigue haciéndolas con regularidad. Haz lo mismo con todo el mundo hasta que todos lleven a cabo con eficacia las tareas que más les motivan. Sigue delegando aquellas cosas que te resulten menos motivadoras para que todas las funciones las desempeñen personas motivadas. Y observa qué hará una empresa. Puede ser asombroso.

La gente se me acerca y me pregunta: «John, ¿puedes darme algunas ideas sobre cómo mantener la concentración y ser más responsable? Tengo todos los cómos, pero parece que no hago las cosas que creo que es esencial que haga. ¿Puedes darme algunos consejos?».

Por supuesto. Una vez más, cuando el porqué es lo bastante grande, el cómo se hará cargo de sí mismo. Pero puedes hacer algunas cosas para ayudarte a ser más responsable. Simplemente empieza a identificar los pasos de acción más prioritarios que has hecho, o que has aprendido, que han demostrado ser más eficaces para alcanzar tus valores y propósitos más importantes. Lo aprendí de un gran profesor llamado Ira Hayes, que llevaba consigo una lista de control de máxima prioridad con todas las cosas que había demostrado que funcionaban en su vida y las leía todos los días. Aumentaba la probabilidad de hacer esas cosas con sólo tener una lista delante. Llevo muchos años haciendo lo mismo. Sigo esa lista como un reloj. Por la mañana la reviso y soy consciente de que aprovecho más el día.

Cada día, cuando descubras algo que funciona en cualquier situación de tu vida, anótalo en una lista. Si deseas tener una vida controlada, crea una lista maestra cada día. Al final del día, repásala y señala si has llevado a cabo esas acciones más importantes.

Haz copias de esta hoja diaria y ve actualizándola; así tendrás miles de estas hojas a lo largo de los años. A continuación, busca las acciones más prioritarias de las más prioritarias para ser cada vez más productivo y estar más motivado. Cuando repases la lista, si por alguna razón descubres que no has hecho ese punto ese día, céntrate en él al día siguiente. Si ves que sigues sin hacerlo, plantéate concederte un incentivo. Consigue un mentor o un coach, vincúlalo a tus valores más importantes o practica las habilidades pertinentes para superar cualquier miedo a llevar a cabo esta acción o esta tarea.

La lista de comprobación es un sistema de autorresponsabilidad. No puedes utilizarla sin aumentar tus probabilidades de éxito y tu autoestima. Te ayuda a incrementar tu confianza y tu seguridad, porque cuando haces lo que dices que harías, creces y ganas confianza.

Una lista de comprobación es un proceso sencillo. Yo tengo treinta cosas diferentes en mi lista de comprobación que, si las hago cada día, ayudarán a que se desarrolle el propósito de mi vida. Simplemente funciona. Cada mañana, antes de empezar el día, detente y reflexiona sobre tu lista. Por la tarde, revísala. Busca patrones y sigue perfeccionando la lista. Concédete incentivos: un coach si lo consideras necesario. Si descubres que algo funciona, cíñete a ello. Las listas de comprobación te mantienen centrado, y es esencial que estés centrado si quieres estar a la altura de una gran visión y crear o atraer grandes oportunidades.

Cuando estableces objetivos que no son congruentes con tus valores más importantes tienes una resistencia. Pero si estableces objetivos en tu negocio que están alineados con esos valores, creas asistencia. Los objetivos que no son congruentes e incluso contradicen otros objetivos pueden ser borrados por el cerebro. Si dices «Quiero hacer esto y esto y esto» y juntas todos estos elementos y descubres que son contradictorios o que no hay tiempo para todos ellos, tu cerebro puede desestimarlos o borrarlos todos.

Establece objetivos que se alineen con tus verdaderos valores y honren tu forma única de negocio. Cada vez que pienses que tienes menos «éxito» que otra persona, puedes empezar a subordinarte a los sistemas de valores de algún otro líder empresarial. Si vas en contra de tus propios valores, descubrirás y experimentarás mecanismos de feedback que te llevarán de vuelta a lo que es más auténtico. Al igual que tu cuerpo, tu empresa desarrollará síntomas cuando no seas fiel a ti mismo. Estos síntomas sólo intentan que seas fiel a ti mismo en el negocio.

Tu relación te está dando señales y síntomas para que seas fiel a ti mismo. Tu vida social te está proporcionando feedback para que seas fiel a ti mismo. Todas las áreas de tu vida están intentando aportarte feedback para que seas fiel a ti mismo. El mundo que te rodea es una matriz que intenta ayudarnos a ser auténticos y a amar.

Una vez que determines exactamente cuáles son tus valores más importantes, crea una estrategia para cumplirlos. Si no sabes cuáles son, busca un mentor que te ayude. O siéntate, practica brainstorming y medita. Siéntate ahí hasta que se te ocurra cómo hacerlo. O para ser más eficiente, simplemente entra en mi página web, www.DrDemartini.com, y encontrarás el Proceso de Determinación de Valores Demartini, que puedes utilizar para determinar tus valores.

Céntrate en crear una estrategia para cumplir tus objetivos y tu visión. Mantén la visión y adéntrate en ella. No te detengas hasta que tengas una idea completa de cómo elaborar una estrategia en tu mente. Haz una lista de las cosas que sabes que funcionan y de las que no funcionan. No tienes que reinventar la rueda ni volver a aprender cosas, porque si sigues una lista de comprobación, perfeccionará tus habilidades. Crea una lista de comprobación de lo que te funciona cada día. Anota aquello que te ha funcionado, guarda la lista y léela. Sigue haciendo aquello que funciona.

Recuerda que el mundo te trata como tú te tratas a ti mismo. Si te valoras, el mundo también lo hace. Hasta que no te valores, no esperes que los demás lo hagan. Si no piensas en ti primero, no esperes que lo hagan los demás. Si no te concedes permiso para hacer algo grande, ¿por qué iba a darte el mundo grandes oportunidades? Simplemente permítete ser grande y hacer algo extraordinario. Si lo haces, te sorprenderá lo que puedes conseguir de ti mismo.

En un momento dado, cuando tenía veinte años, llamé a Linus Pauling, ganador de dos premios Nobel, y me dijo algo que me acompaña hasta hoy: «Cuando me levanto por la mañana, sueño con entrar en el laboratorio para ver si puedo hacer una contribución más a la humanidad antes de morir». Eso se me quedó grabado: levantarme, entrar en el laboratorio e intentar hacer una contribución más que pueda cambiar la vida de los seres humanos.

A veces no nos damos permiso para hacer algo extraordinario. En su lugar, hacemos más grandes a otras personas, nos infravaloramos, nos desempoderamos y nos reprimimos. No creemos que podamos subirnos a los hombros de grandes personas y hacer algo más grande.

Concédete permiso para hacer algo importante y motivador, pero no imagines algo que no sea realmente cierto o que no esté alineado con tus valores más importantes; eso es una fantasía. Pero si es algo que sabes desde dentro de tu alma que te encantaría hacer, manifiéstalo, ve a por ello y date permiso para hacerlo. Convéncete de que eres un genio y aplica tu sabiduría. Observa qué pasa. Miles de personas han empezado a hacerlo y a vivir un impacto.

Después, ten un mentor o un coach, porque sacarás más de ti mismo si lo haces. Tenía un amigo que tenía una empresa valorada en 1,2 millones de dólares, pero se dio cuenta de que no estaba haciendo todas las cosas que ayudarían a esa empresa. Así que decidió contratar a un señor mayor por 85.000 dólares al año simplemente para asegurarse de que hacía lo que tenía en su agenda. Su empresa pasó de 1,2 millones a 10 millones de dólares. ¿Vale la pena pagar 85.000 dólares para conseguir 10 millones? Evidentemente. Tenía un coach. ¿Qué le pasaría a un equipo deportivo si no tuviera un entrenador?

Una vez que tengas un coach, pregúntate: «¿Dónde está mi originalidad?». Si eres auténtico, tienes algo original en tu interior. Pregúntate: «¿Cuál es mi misión y contribución únicas y quién soy en realidad? ¿Cuál es mi contribución original al planeta Tierra?». Si eres realmente auténtico, es como una huella dactilar de tu propia originalidad. Ahí es donde reside tu poder.

3

El secreto y poderoso tesoro del bienestar, la vitalidad, la belleza y la aptitud física

Al igual que tenemos tesoros en la mente, también tenemos enormes tesoros en nuestro cuerpo. ¡Qué gran don es tener un cuerpo excelente con el que trabajar a diario!

Puede que pienses «Yo no tengo un cuerpo tan excelente», pero sí puedes tenerlo. Todo es cuestión de perspectiva y todo depende de tus acciones. Así pues, comentemos algunos de los tesoros que hay dentro de tu cuerpo físico y veamos cómo podemos vivir una vida físicamente más intencionada y dinámica.

Piensa en ello un segundo: si no tienes un motivo importante para vivir, puedes tener un motivo para morir. Cuanto mayor sea el motivo o el propósito importante para vivir, más vas a conseguir de tu cuerpo. Según mi experiencia, cuando alguien tiene algún motivo de vital importancia para hacer algo con su cuerpo, la vitalidad surge de forma automática y espontánea.

Un día, cuando estaba en la universidad, estaba observando a un hombre sentado en un sofá, con aspecto fatigado y frustrado. De repente, le llamó una amiga y le preguntó si podía acudir. En cuestión de segundos, como tenía algo importante que hacer, se levantó, se lavó, se afeitó y salió de allí. Segundos antes había estado pensando «Sólo quiero estar sentado y no hacer nada», pero en el momento en que tuvo un motivo de gran valor para levantarse e irse, su energía vital se disparó.

He visto esto una y otra vez: cuando las personas tienen un motivo suficientemente importante para ser vitales, lo son. A veces también he descubierto que las personas que padecen fatiga crónica están dispersas y distraídas, intentando vivir la vida de otras personas en lugar de motivarse intrínsecamente desde dentro. Intentan complacer a todo el mundo del exterior en vez de escuchar la voz y la visión interiores que podrían motivarlas.

Cuando tienes una visión clara sobre lo que quieres hacer, un propósito realmente poderoso y una causa para levantarte y ponerte en marcha, tu cuerpo responde automáticamente.

Así pues, un tesoro que tienes en tu interior es sacar de ti mismo un motivo basado en tus valores más importantes para levantarte y ser vital. Si no tienes un motivo para vivir, lo tienes para morir. Si no tienes un motivo para ser vital, lo tienes para estar fatigado. Y si intentas vivir la vida de otro en lugar de la tuya, vas a tener energías dispersas en lugar de poder enfocado.

Esta noche busca en tu interior. Cuando estés a punto de acostarte, pregúntate a qué te gustaría dedicar tu vida. ¿Qué te motiva? ¿Qué te gusta hacer con tu cuerpo? ¿Qué objetivos motivadores podrías alcanzar? Tal vez sea buena idea tener un papel y un bolígrafo junto a la cama para poder anotar estas ideas cuando te vengan a la mente.

Según mi experiencia, una de las cosas más poderosas que puedes hacer para tener una vida larga e intensa es tener algo por lo que vivir. Los grandes artistas, que tenían el sueño de pintar a los cien años, vivieron mucho tiempo. El gran filósofo Giordano Bruno escribió una biografía de cómo sería su vida al cabo de quinientos años para tener algo por lo que vivir cada día.

Nunca insistiré lo suficiente en la importancia de tener un propósito, una causa que llene tu mente de objetivos. Las personas que escriben objetivos auténticos, importantes y motivadores sacan más partido a su vida que las que no lo hacen. Los que tienen algo por lo que vivir sacan mucho más provecho de la vida que los que no lo tienen.

Esta noche sueña con aquello por lo que quieres vivir. Mira con honestidad lo que tu vida demuestra que es realmente más importante para ti. Si te vienen ideas por la noche o por la mañana, anótalas. Crea un storyboard o un libro de visión, un libro lleno de recortes, imágenes y frases inspiradoras. Utiliza los tesoros de tu mente para visualizar y afirmar tu sueño. Céntrate en él y escríbelo, porque tu mente afecta a tu cuerpo, y tener un objetivo te mantiene vitalmente más vivo.

Ten un gran sueño; entonces las pequeñas cosas se harán solas. Si tu objetivo es correr un kilómetro y lo consigues, probablemente acabarás sudado y cansado. Pero si tu objetivo es correr quince kilómetros, cuando llegues al primer kilómetro, sólo estarás calentando; ni siquiera estarás sudando.

Así es como me gustaría que fueras. Permítete una vida grande y vital. Anúnciate lo siguiente: «Tengo una vitalidad increíble; tengo el poder de vivir y hacer aquello que me gusta». En el proceso vitalizarás tu cuerpo.

Si tienes un motivo suficientemente grande para hacer algo, encontrarás la manera. Si alguien secuestrara a tu familia, encontrarías la manera de recuperarla. Cuando el porqué es lo bastante grande, los cómos aparecen solos. Cuanto mayor sea tu porqué, mayor será tu vida. Si quieres un cuerpo vital, encuentra un porqué, una causa, un propósito, un objetivo, algo a lo que puedas dedicar tu vida durante al menos cien años, porque tienes derecho a vivir al menos cien años, y tienes un cuerpo que puede hacerlo.

Está demostrado que quienes tienen voluntad de vivir tienen más probabilidades de prolongar su vida. He visto a personas que han sufrido accidentes cerebrovasculares. Muchas veces, o bien han visto cumplidos todos sus objetivos y ya no tienen nada más por lo que luchar, o bien han llegado a un punto en el que no saben cómo cumplir los objetivos que aún les quedan y sienten futilidad; no ven la luz al final del túnel. Esto es muy frecuente entre las personas que sufren accidentes cerebrovasculares.

Una vez estaba en un barco. A la hora social de las seis, entró una mujer de noventa y cuatro años, muy bien vestida, y preguntó: «¿Dónde está la fiesta? ¿Dónde está la acción?». Uno de mis sueños es ser así de divertida a los noventa y cuatro años. Esta señora acababa de llegar de África. A sus noventa y cuatro años, acababa de volver de escalar el monte Kilimanjaro. Llegó, preguntó dónde era la fiesta y comenzó a buscar hombres jóvenes que también la llevaran al teatro. Se acercó a mí y me dijo: «¿Estás libre?». Así que, con otros dos caballeros, llevé a esta encantadora dama al teatro en tierra firme. Salimos del teatro a las diez y media o a las once y volvimos al barco. La señora preguntaba: «¿Dónde está la acción? ¿Dónde está el club? ¿Qué hombre me va a llevar al club?». No pude quedarme con ella, pero seguía de marcha a sus noventa y cuatro años. Hablando con ella los dos días siguientes, descubrí que tenía sueños, lugares a los que ir, gente a la que conocer y cosas que hacer.

Ya he mencionado a Paul Bragg, que falleció a una edad muy avanzada después de realizar muchas hazañas arriesgadas, como nadar tirando de un remolcador. Esto demuestra de lo que es capaz un ser humano si su intención es clara y está centrado en su resultado: puede tirar de un remolcador. Tiene una hija que es vital a pesar de sus ochenta años; viaja por el mundo y sigue pronunciando conferencias, con una agenda muy intensa. Sigue hablando, sigue escribiendo libros, sigue viajando por el mundo. ¿Es eso estar vivo?

Si tienes voluntad de vivir, no tienes voluntad de morir; tienes algo que hacer. Cuanto mayor sea tu causa, cuanto mayor sea tu intención, cuanto mayor sea tu voluntad de hacer algo, mayores posibilidades tendrás de tener una vida más larga.

Te animo a que te fijes objetivos no sólo en esta vida, sino más allá de ella. La mayoría de los objetivos que nos fijamos son sólo para este cuerpo mortal, porque pensamos que somos este cuerpo mortal. ¿Por qué no asumir que somos almas inmortales y establecer objetivos inmortales y dejar legados inmortales?

Quiero compartir el siguiente tesoro que llevas en tu interior. Probablemente sepas que el peso de tu cuerpo se compone de alrededor de un 70 % de agua. Pero es un hecho que cuanta más agua tenemos en el cuerpo, mejor funciona. Las articulaciones están lubricadas, los ojos funcionan mejor, la mente piensa con más claridad, las sinapsis del cerebro son más agudas.

Cuando hablo de agua, no hablo de té, café, zumos o leche; hablo de agua. No es exactamente igual que cualquier otro líquido. Es un disolvente universal que permite que el cuerpo funcione. Las células de tu cuerpo y los pequeños orgánulos de su interior están rodeados de moléculas de agua. Cuando tenemos muchas moléculas de agua, los órganos y las enzimas funcionan de manera correcta.

Además, se ha descubierto que si estamos en un estado de gratitud y amor, las moléculas de agua se organizan formando bellas estructuras y permiten a las enzimas desplazarse bien. Si bebemos mucha agua, hasta el punto de que podemos sentir los fluidos en nuestro interior (el frescor y la vitalidad que proporciona el agua), nuestro cuerpo recibe un baño. Es como tomar un baño o ir a nadar, que es refrescante. Tenemos una especie de tubo que va de la parte superior a la inferior del cuerpo. Cuando hacemos que el agua nos atraviese cada día varias veces, limpia, purifica, desintoxica y tonifica nuestra fisiología.

Bebe mucha agua. Sé que ya lo has oído antes, pero es muy sabio que te recuerden que bebas agua a diario. Cuando ejercía hace muchos años, descubría a menudo que los pacientes estaban literalmente deshidratados: gran parte de los dolores articulares, la rigidez muscular y los dolores de cabeza se debían simplemente a la falta de agua. Bebe más agua y verás cambios en tu fisiología a partir de mañana. Es un efecto inmediato.

También necesitamos alimentos de calidad, porque nuestra dieta tiene un efecto sobre nuestra fisiología. Puedes comprobarlo si te haces un autoanálisis. Descubrí esta idea cuando tenía unos dieciocho años y me topé con los escritos de Gandhi. Hizo un autoanálisis sobre su dieta. Anotaba cada día lo que comía. Observaba cuánto comía y cuánto líquido bebía, y lo analizaba en relación con cómo se sentía y cómo pensaba su mente. Luego escribió las cosas clave que descubrió sobre sí mismo.

Pensé «Si es lo bastante bueno para Gandhi, es lo bastante bueno para mí». Empecé a hacer lo mismo, y lo hice durante dos años. Simplemente prestaba atención a lo que comía y a cómo me sentía a lo largo del día. Aprendí más de ese proceso que de cualquier libro que haya leído sobre dietas. Descubrí, por ejemplo, que cuando comía demasiados tipos de alimentos, tendía a comer en exceso. Cuando me limitaba a menos tipos de comida, no comía tanto. Como consecuencia de ello, aumentaba mi vitalidad, porque comer demasiado te seda. Se tiende a vivir más tiempo si se come con moderación e incluso ligero, o se hace ayuno de vez en cuando. Es más prudente alejarse de la mesa que atiborrarse. No es sensato vivir para comer, pero sí lo es comer para vivir, y vivir moderadamente en este sentido.

He aquí algunas cosas que debes hacer en tu dieta y en las que quizá no hayas pensado. No hagas comidas copiosas a altas horas de la noche, porque he comprobado que con frecuencia provocan hernias de hiato y fatiga. Estar tumbado con el estómago lleno hace que el diafragma se encuentre en una posición incómoda y dificulta la correcta respiración, por lo que pierdes vitalidad. Si haces una comida copiosa, espera al menos cuatro horas antes de acostarte. Si comes algo moderado, espera al menos tres horas. Si haces una comida ligera, espera dos horas; si comes un tentempié, quizá baste con una hora. En cualquier caso, no comas y te acuestes de inmediato: altera la digestión y el metabolismo.

También se ha demostrado que el metabolismo alcanza su punto máximo por la mañana y desciende por la noche. Si comes un poco más por la mañana que por la noche, probablemente adelgaces, pero si comes tarde por la noche, tenderás a engordar. Así que, una vez más, es prudente no hacer comidas pesadas antes de acostarse por la noche.

También es aconsejable ingerir alimentos que tengan cierto grado de frescura. No conviene comer alimentos blandos, aceitosos y grasientos. Quieres alimentos frescos y de calidad. El esfuerzo merece la pena. Puede que pienses que cuesta un poco más, pero en realidad cuesta menos, porque añade más vida a tu vida. Consigue alimentos de calidad, algunos crudos y otros cocinados, y come tantos alimentos frescos y naturales como puedas.

Mientras comes procura estar tranquilo y relajado. Si estás estresado cuando comes, es más sensato detenerse, cerrar los ojos y pensar en aquello por lo que estás agradecido. Si te ha ocurrido algo que supones que no es necesariamente motivador, pregúntate cómo te ayuda en tu vida, porque todo tiene dos caras y su correspondiente lado bueno si lo piensas con atención. Cálmate y céntrate, y medita atentamente durante un segundo. Cuando estás angustiado, tu fisiología hace que tu riego sanguíneo se dirija a los músculos y a los huesos en lugar de a los órganos de la digestión. Si estás relajado, digerirás y absorberás los alimentos con más eficacia, y tendrás más vitalidad y menos toxicidad.

Cuando la gente dice que tiene síndrome de fatiga crónica, suelo descubrir que ha subordinado sus sueños a los de otra persona. Han inyectado los sistemas de valores de otras personas en sus vidas; se están controlando y sacrificando por esas intenciones que les han inyectado desde fuera. Van en contra de sus propios valores y de su voluntad. Cualquier ser humano se agotaría si no está haciendo algo que sea verdaderamente importante y motivador. Se están dispersando en demasiadas áreas, quedándose pequeños por los demás y no permitiéndose ser las magníficas personas que realmente son.

También te recomiendo que medites a conciencia todos los días. Si quieres tener una vida longeva, detente, medita, tranquilízate y céntrate. Haz una lista mental de todas las cosas por las que puedes estar agradecido. Cuando recibas una visión motivadora, anótala y céntrate en ella. Sé receptivo con tu atención y céntrate en tu intención de crear. La creación forma parte de nuestra naturaleza. Si no creamos o no somos productivos, no nos sentimos valiosos, no nos sentimos vivos, no sentimos nuestra autoestima. Pero la creatividad con un servicio significativo añadirá años de vitalidad a nuestras vidas.

Respira profundamente. Una persona maníaca respirará con exhalaciones cortas e inhalaciones largas. Una persona deprimida hará lo contrario: inhalaciones cortas y exhalaciones largas. Las inhalaciones largas con exhalaciones cortas te despiertan. Las exhalaciones largas con inhalaciones cortas te sedan.

La respiración, con un equilibrio entre inhalaciones y exhalaciones, normaliza la fisiología y produce bienestar. Las inhalaciones largas activan el sistema nervioso simpático mientras que las exhalaciones largas activan el sistema nervioso parasimpático. Una respiración equilibrada activa una síntesis: salud normal, bienestar y longevidad.

Hasta que no seamos capaces de gestionar nuestras emociones, no seremos capaces de gestionar nuestras vidas con la misma eficacia. Podemos equilibrar la mente equilibrando la respiración: estabiliza y centra la mente, y la fisiología responde en consecuencia.

Inspira durante siete segundos, aguanta la respiración durante siete segundos, espira durante siete segundos y vuelve a aguantar la respiración durante siete segundos. Practica para tener una respiración equilibrada y observa cómo tu fisiología retorna al equilibrio.

¿Sabes que cuando haces este ejercicio de respiración equilibrada las emociones extremas no gobernadas se vuelven gobernadas? Cuando haces este ejercicio, calmas la euforia y animas la depresión; la respiración equilibrada te normaliza y te centra.

Si tomas la euforia y la depresión y las unes, las sintetizas en amor, porque el amor es una síntesis de euforia y depresión, de atracción y repulsión; es una síntesis de todos los opuestos complementarios, el equilibrio sincrónico del yin y el yang.

De hecho, si observas a la persona con la que mantienes una relación, verás que a veces te atrae y otras te repele. A veces le dices a tu pareja «No me dejes» y unos instantes después le estás diciendo «Déjame en paz. Apártate de mi vista». El amor es la síntesis de la atracción y la repulsión.

Si pones en práctica estas sugerencias, aportarás vitalidad a tu vida. Si además tienes una visión clara de algo por lo que vivir, añadirás aún más vitalidad y aflorarán los tesoros de tu fisiología.

Utiliza la relajación, la respiración equilibrada, beber agua, meditar y comer alimentos de gran calidad, combinados con una visión a largo plazo, y observa lo que ocurre con tu fisiología. Está esperando a que tengas un sueño y le des algo por lo que vivir y la alimentes con comida, agua y respiración de calidad. Cuando lo hagas, tu vitalidad subirá como la espuma. Tu fisiología te permitirá llevar a cabo las cosas que te mereces y despertarás el tesoro de tu cuerpo.

Imagínate lo siguiente: todas las células de tu cuerpo saben exactamente qué tienen que hacer. Tienes billones de células con billones de biomoléculas trabajando en cada una de esas células. Todas ellas trabajan de forma armoniosa y coordinada. Imagínate que tuviéramos que ser responsables de averiguar cada una de esas acciones bioquímicas y tuviéramos que coordinarlas. Hay una extraordinaria sabiduría oculta en nuestro interior. Incluso aquellos que han obtenido premios Nobel de biología se sienten humildes ante la inteligencia del cuerpo.

El tesoro que está ahí guardado, esperando a salir a la superficie para aportar salud y bienestar a nuestra vida, es enorme. Tras haber estado involucrado en las artes curativas durante décadas, he aprendido que tu cuerpo trabaja para ti, no contra ti.

En nuestra sociedad nos hemos hecho a la idea de que la enfermedad es mala. Quiero compartir una idea diferente. A veces los signos y los síntomas que creemos que son enfermedad en realidad son mecanismos de feedback para ayudarnos. Mis observaciones de miles de personas en casos clínicos me dicen que sus cuerpos a menudo intentan aportarles feedback.

Deja que me explique. Supongamos que sales y te comes una pizza, y además bebes una cantidad exagerada de zumo de naranja, seguido de una tarta de queso, chucrut y costillas. Sigues así, comiendo las combinaciones de comida más escandalosas que puedas imaginar.

Cuando te despiertes a la mañana siguiente, muy probablemente te sentirás hinchado y tendrás indigestión y gases. ¿Eso es salud o enfermedad?

Un enfoque es decir que es enfermedad, y que necesitas antiácidos y otros remedios para mitigar estos síntomas. Pero desde mi punto de vista, con todos esos síntomas tu cuerpo está tratando de darte un feedback: «Oye, lo estás estropeando, estás comiendo demasiado y no estás combinando bien». Así pues, el cuerpo quizá esté intentando aconsejarnos para que vivamos de forma más sabia y moderada, y de acuerdo con las prioridades.

Según mis observaciones trabajando con personas, sobre todo las relaciones mente-cuerpo, los signos y los síntomas del cuerpo son formas de feedback para guiar nuestra mente y nuestras acciones de retorno al equilibrio. En otras palabras, si nos encontramos con un hecho que nos parece angustioso, algo que percibimos como más negativo que positivo, nuestra fisiología se defiende: empieza a retirar el riego sanguíneo de los órganos de la digestión. Generamos reacciones que crean lo que algunos llaman enfermedad, la capacidad de nuestro sistema inmunitario disminuye y nuestra fisiología empieza a debilitarse. Si continuamos haciéndolo durante mucho tiempo, empezamos a colapsar. Pero estas reacciones nos están aportando un feedback para modificar nuestras percepciones y buscar oportunidades para tener una perspectiva equilibrada.

Una vez vino a verme un señor que tenía el cuerpo repleto de psoriasis. Le cubría las articulaciones, los codos, las rodillas y parte de la cara. La tenía desde que era pequeño. Vino a un programa exclusivo que presento llamado The Breakthrough Experience®. Aprendió el Demartini Method®, que muestra cómo encontrar el orden oculto en el aparente caos de la vida. Cuando terminó, se le saltaron las lágrimas de agradecimiento hacia un padre del que se había distanciado desde niño. Pensaba que su padre era malo y violento con él. Al principio, el hombre estaba enfadado. Se había distanciado de su padre y se había enfadado. A partir de ese día, empezó a tener reacciones a modo de psoriasis.

Cuando terminó el método que le ofrecí, veía la situación de otra forma. Cuando consiguió equilibrar su perspectiva, encontró una manera de querer a su padre. La profundidad de su ser o de su alma más auténticos quería que amara a su padre, como todas las personas, y cuando lo descubrió, tuvo una catarsis, con lágrimas en los ojos y mocos en la nariz. Después le di un abrazo, porque había sido consciente de algo tan grande.

Más tarde recibí una carta de este señor. A los tres días, algunas de las costras de psoriasis habían empezado a estabilizarse, y a la semana, empezaron a ponerse rosadas; durante las dos semanas siguientes, habían desaparecido por completo. La psoriasis era una forma de feedback para hacerle saber que algo en su vida no se había completado y que un recuerdo almacenado en el subconsciente no estaba equilibrado. Tenía una perspectiva desequilibrada sobre su padre, que le impedía sentir amor y aprecio por alguien a quien quería profundamente. Su fisiología intentaba ayudarle a ajustar esa percepción errónea.

La ciencia de la relación mente-cuerpo apenas está emergiendo. En las próximas décadas descubriremos muchas cosas más y empezaremos a saber exactamente por qué nuestra fisiología hace lo que hace. La enfermedad no se debe sólo a un virus o a algo similar; aparece porque de alguna manera hemos desequilibrado nuestras perspectivas en nuestra psique. Nuestro cuerpo nos está proporcionando feedback para orientarnos y ayudarnos a sanar. Es algo que creo que el mundo merece saber, y por eso quiero asegurarme de que sepas que tienes ese tesoro en tu interior. Si meditas, escuchas a tu intuición y devuelves el equilibrio a tus percepciones, tu cuerpo te hará saber qué hay almacenado emocionalmente en tu interior que no has amado y apreciado, dónde tienes una perspectiva desequilibrada y por qué sientes angustia.

Tú tienes el poder de crear las células de tu cuerpo; del mismo modo, tienes el poder de sanar y transformar esas células. El amor y la gratitud son los mayores sanadores. Tener certeza y presencia en nuestra vida y amor y gratitud en nuestro corazón es la clave, y nuestro cuerpo y nuestra mente trabajan juntos para este fin.

Cuando tengas signos y síntomas de enfermedad, quizá la trates desde el enfoque convencional. Pero mientras tanto, observa más profundamente y descubre lo que la dolencia te está orientando a hacer. Así es menos probable que lo recrees o que generes otro síntoma para conseguir completar esa percepción incompleta. Si tenemos alguna angustia que no disolvemos o no descubrimos cómo nos sirve, automáticamente la almacenamos en nuestro cuerpo en forma de signos y síntomas.

Escarba más profundamente; encuentra el tesoro que se esconde en cada acontecimiento de tu vida. Si empiezas a ver angustia, vuelve a mirar y encuentra el orden oculto que hay ahí dentro. Has de saber que hay un camino interior hacia el tesoro, y que el amor y la gratitud son la llave que abre la puerta del corazón, permitiendo que ese tesoro aflore a la superficie. Es la llave de la curación, y tu cuerpo está diseñado para estar bien. Todo lo que se requiere es apreciarlo y amarlo y conocer ese tesoro.

También te recomiendo que medites y te sientes en silencio a diario, no sólo para dar las gracias, sino también para visualizar tu cuerpo tal y como lo quieres. Casi todo el mundo tiene partes del cuerpo que le gustan y otras que no le gustan, incluso las supermodelos. Una vez tuve en la consulta a una top model. Aunque a mí me parecía que estaba bien, no apreciaba la mitad de su cuerpo.

Te recomiendo que repases todas las partes que te gustan y las que no te gustan de tu cuerpo. Pregúntate: «¿De qué me sirve el cuerpo, incluso tal como es?», hasta que puedas sentirte agradecido. «¿Cómo me sirven las partes de mi cuerpo que no me gustan?». Hazte esas preguntas, porque tu calidad de vida se basa en la calidad de las preguntas que te haces. Si no vas a hacer nada con estos rasgos, tu mente puede quererlos tal como son. Quieres averiguar exactamente cómo te sirve tu cuerpo hasta que puedas decir «Estoy verdaderamente agradecido por tener el cuerpo que tengo». Si no aprecias tu cuerpo, puede degradarse. Aprecia lo que tienes; mi madre me lo enseñó cuando tenía cuatro años.

Cada vez que percibes las cosas, las evalúas y proyectas en ellas tus valores. A veces exageras o infravaloras. Quizá exageres el placer y minimices el dolor, o viceversa. Cuando prestas atención a algo en tu mundo sensorial, respondes en consecuencia en tu mundo motor. El mundo motor no se limita a los músculos grandes, sino que también incluye los pequeños músculos microfilamentosos de las células. También responden a lo que percibes.

Cuando tienes una percepción desequilibrada, tienes una conciencia consciente y una inconsciente, algunas asociaciones previas y una respuesta refleja. Esta respuesta incluye y afecta a las células y los músculos, provocando tensiones y compresiones musculares. También asciende al cerebro, iniciando reacciones emocionales en forma de impulsos de búsqueda e instintos de evitación, que entonces retornan e imponen aún más tensiones y compresiones en tus células y músculos.

Siempre que tienes una perspectiva desequilibrada del mundo que te rodea, ves desorden y te atrae o te repele, te gusta o te disgusta, sientes placer o dolor; tus células se polarizan. Esto crea tensión y compresión, lo que a su vez provoca demasiada o muy poca actividad celular: es lo que llamamos enfermedad. Entonces, el feedback de estas células retorna al cerebro y le hace saber que, de alguna manera, estás distorsionando tu realidad. Esta distorsión se manifiesta en forma de síntomas. Pero en realidad el cuerpo está intentando hacernos saber que no tenemos una perspectiva equilibrada de la vida y que no estamos amando y apreciando las cosas. Si no amamos y apreciamos nuestro cuerpo, éste se degrada para humillarnos lo suficiente como para apreciarlo y amarlo tal como es. Así que cuando el cuerpo crea la enfermedad, en realidad nos está haciendo un regalo: feedback sobre cómo amar nuestra vida, a las personas que nos rodean y a las partes de nuestro interior que no hemos amado antes.

La enfermedad no es mala. Si la entendemos y la ponemos en contexto, también tiene ventajas si se interpreta sabiamente. Descodificar los mensajes del cuerpo es el secreto del futuro del cuidado del bienestar. En las próximas décadas seremos capaces de discernir las sutilezas de lo que nos dice el cuerpo para poder cambiar nuestras percepciones y nuestra fisiología a tiempo de evitar que la enfermedad se convierta en algo extremo. Éste será el futuro de la industria del bienestar en los años venideros.

4

El secreto y poderoso tesoro del amor, la intimidad, la comunicación afectiva y la dinámica familiar

Nuestra familia y nuestras relaciones son un cofre del tesoro que sabemos apreciar y amar. Si nos paramos a pensarlo, la interacción con otras personas es uno de los mayores sistemas de feedback de la autenticidad que tenemos.

Me gustaría compartir algunas de las claves para abrir el tesoro de las relaciones. Tal vez estén relacionadas con tu familia o, si aún no te has juntado con alguien, con personas especiales de tu vida.

En nuestras vidas tenemos un conjunto único de valores, al igual que todas las personas con las que interactuamos, y todos funcionamos desde la perspectiva de esos valores. La mayor prioridad de tus valores dicta cómo percibes y actúas en el mundo. Si vamos a comunicarnos con los demás, conviene que los conozcamos de verdad. En consecuencia, es importante conocer nuestros valores y los de las personas a las que queremos si deseamos comunicarnos de manera eficaz y establecer relaciones significativas.

Me gustaría compartir uno de los primeros tesoros de las relaciones: el tesoro de conocer tus propios valores individuales, así como los de los demás. He aquí trece factores determinantes.

1. ¿Cómo suelen llenar las personas su espacio íntimo y personal? Si observas el cubículo de la oficina de al-

guien, verás ciertas cosas: fotos de sus hijos, trofeos si le gustan los deportes, fotos de los lugares a los que ha ido si le gusta viajar… Cómo suelen llenar su espacio íntimo y personal te dice mucho sobre lo que es importante para ellos, y probablemente no te comunicarás de manera respetuosa con la gente a menos que sepas lo que es importante para ellos.

2. ¿A qué dedican más su tiempo? Todo el mundo tiene tiempo suficiente para las cosas que son realmente importantes para ellos y rara vez o nunca tienen tiempo suficiente para las cosas que no lo son.

3. ¿En qué gastan más sus energías? Si alguien se te acerca y te ofrece la oportunidad de hacer algo que es realmente importante para ti, te cargarás de energía y te pondrás en marcha. Pero si alguien se te acerca y te dice que va a hacer algo que no tiene ningún significado o valor para ti, le dirás: «Mira, estoy un poco cansado. Me gustaría tomármelo con calma esta noche».

4. ¿En qué gastan más su dinero? La gente encuentra la manera de tener suficiente dinero para cosas que considera realmente importantes, pero no quiere gastar en cosas que no lo son. En un matrimonio, el marido desea comprar cosas que son importantes para él y la mujer quiere comprar cosas que son importantes para ella. Ella piensa que en lo que él gasta el dinero no es importante, y él piensa que en lo que ella gasta el dinero no es importante. Ambos proyectan sus valores en el otro y suponen que gastan el dinero de forma imprudente, pero la realidad es que la gente gasta su dinero de acuerdo con sus valores más importantes.

5. ¿Dónde eres más organizado y ordenado? Aportas organización y orden a lo que más valoras.

6. ¿En qué aspectos estás más centrado y eres más responsable y disciplinado? Lo que está más arriba en tu lista de valores lo haces espontáneamente de forma constante sin necesidad de recordatorios o motivación externa.

7. ¿En qué piensan más (acerca de cómo les gustaría que fuera su vida) que muestre evidencias de hacerse realidad? Tu pensamiento dominante más interno crea tu realidad tangible más externa. Y lo que más piensa la gente refleja sus valores más importantes. En otras palabras, si tienes tiempo libre, tu mente se dirige automáticamente a las cosas que más valoras. En eso se centra, y pensarás y soñarás en consecuencia. ¿Quieres saber cómo piensa la gente y en qué piensa? Si mantienes una conversación con alguien, le llevará adonde pueda hablar de lo que es importante para él.

8. ¿Qué visualizan y sueñan (sobre cómo les gustaría que fuera su vida) que muestre indicios de hacerse realidad? Si le preguntas a alguien «¿Cuál es tu sueño en la vida?», se centrará en lo que es importante para su vida. La clave es identificar lo que está visualizando y que realmente se está haciendo realidad, no sólo sus fantasías fugaces o sus distracciones perturbadoras.

9. ¿Qué es lo que más hablan consigo mismos sobre cómo les gustaría que fuera su vida y que muestra indicios de hacerse realidad? Con frecuencia hablan consigo mismos de su sueño, de lo que es importante para ellos. Para averiguarlo, simplemente puedes preguntarles o tal vez escuchar sus propias conversaciones consigo mismos.

10. ¿Sobre qué conversan más con otras personas? ¿Cuál es su diálogo externo más habitual? En un acto social, todo el mundo llevará la conversación hacia lo que es

importante para él. Si empiezas a hablar de cosas que son importantes para una persona, se animará, querrá participar y pensará que se lo está pasando muy bien. Si comienzas a hablar de cosas que no son importantes para él, desconectará, dejará de escuchar, se marchará o incluso se acostará.

11. ¿Qué les inspira y ante qué reaccionan emocionalmente? Si les dices algo y sonríen, obviamente estás apoyando sus valores. Si fruncen el ceño y se alejan de ti, es evidente que vas en contra de sus valores. Presta mucha atención a esas respuestas, porque te indican los valores de la persona y cómo reacciona emocionalmente. Lo que se encuentre más arriba en su lista de valores le motivará e incluso le hará llorar de gratitud como confirmación de un momento de su autenticidad.

12. ¿Qué objetivos persigue y alcanza de forma más constante y persistente? Si le pides a alguien que anote las diez cosas más importantes que quiere conseguir en la vida, te garantizo que se centrará en las que son importantes. En las áreas que no son importantes para él, ni siquiera sabrá por dónde empezar. Los objetivos reflejan valores.

13. ¿Qué es lo que más les gusta aprender, estudiar, leer o ver en YouTube? A todo el mundo le gusta aprender espontáneamente sobre lo que es realmente más importante para él: sus valores más destacados.

Lo primero que tienes que hacer si quieres tener una relación con alguien es: (1) conocer tu jerarquía de valores y (2) conocer la suya, porque si no puedes comunicar tus valores más importantes, o, lo que es más importante para ti, desde el punto de vista de los suyos, no tenéis relación. El secreto número uno de las relaciones es el arte de comunicar tus valores más importantes desde el punto de vista de sus valores más importantes. ¿Cómo va a valorarte alguien si no puedes comunicarte desde el punto de vista de sus valores más significativos? Tu identidad y la suya más auténtica giran en torno a los valores más importantes de ambos.

Como hemos visto, cada individuo tiene una jerarquía de valores: lo que es más importante para él, lo segundo más importante, lo tercero más importante, y así sucesivamente. Deduce estos valores de lo que más percibes que te falta. Si adviertes que te falta una relación, la buscas. Si percibes que te falta dinero, lo buscas. Si percibes que no tienes clientes o negocio, lo buscas. Lo que se percibe como lo que falta más se convierte en lo más valioso.

Estos valores impulsan al ser humano. Si surge algo que apoye tu sistema de valores, lo llamas bueno, y si va en contra de tu sistema de valores, lo llamas malo.

Nuestra moral y nuestra ética se basan en estos sistemas de valores, que también dictan nuestro destino. La jerarquía de tus valores dicta cómo ves el mundo y acompañas al mundo, así como cómo piensas y actúas en el mundo. Pondré un ejemplo. Supongamos que un matrimonio pasea por un centro comercial. Los valores más importantes de la esposa pueden centrarse en los hijos; en cambio, los valores más importantes del marido son posiblemente los negocios, las finanzas, la estimulación intelectual y los ordenadores. Mientras pasean por el centro comercial, cogidos de la mano, ven una tiendecita con ropa para niños y artículos de salud. Automáticamente, la mujer exclamará: «¡Oh, cariño! ¡Paremos aquí un momento!». Empezará a tener un exceso de atención y él, un déficit de atención.

A medida que van avanzando por el centro comercial, si ven una tienda de informática, una librería o algo que pueda ayudar al hombre a construir su negocio, él despertará y tendrá un exceso de atención, mientras que ella sufrirá un déficit de atención. Empezará a bostezar y le dirá: «Quedamos fuera dentro de treinta minutos». Como el mayor valor de la esposa son los hijos, ella verá oportunidades para ellos que él no verá, mientras que él verá oportunidades para los negocios que ella no verá. En consecuencia, las oportunidades en la vida de un individuo tienen todo que ver con su jerarquía de valores.

Un día estaba paseando por el centro comercial y vi a un señor que conozco que es un empresario de éxito; es muy agudo en los negocios y tiene muchas empresas. Ése es su mayor valor. El mío es estudiar las leyes del universo en relación con el comportamiento humano.

Mientras caminábamos, pasamos por una librería. Yo quería entrar. El señor se fijó en las oportunidades para vender productos y negocios. Mientras caminaba, dijo: «Esa librería es un gran negocio, mira toda la gente comprando. Debe ir muy bien. Tendría que empezar un nuevo negocio y ganar mucho dinero, o posiblemente invertir en esa librería».

Él está pensando en negocios; yo estoy pensando en libros. Yo no veo oportunidades de negocio; él no ve libros. En resumen, filtramos y actuamos en el mundo según nuestra jerarquía de valores actual (pero en constante evolución), que dicta nuestros destinos, y el conjunto de nuestros destinos determina nuestra trayectoria vital.

Ahora me gustaría hablar de la clave para hacer coincidir y comunicar tus valores con los de la otra persona. Piensa en esto: supongamos que los valores más importantes de la mujer son su familia y los de su marido tienen que ver con sus negocios. Esto no es raro: alrededor del 75 % de las personas viven así. Si él le habla de sus negocios, proyectando en ella sus valores más importantes y esperando que ella sea así, la distanciará y no se sentirá querida ni cuidada. Se sentirá poco apreciada o infravalorada. Si ella hace lo mismo y espera que él viva de acuerdo con sus valores más importantes, también erosionará la relación. No es necesario que dos personas tengan exactamente los mismos valores en una relación (esos valores son los que nos hacen únicos), pero sí queremos respetar los valores de la otra persona.

He aquí una pequeña clave para abrir el tesoro de la comunicación de valores en tu vida. Identifica cuáles son tus valores más importantes, lo que realmente demuestra tu vida (no fantasías, no cómo que crees que debería ser, no lo que la sociedad espera), sino cómo realmente es. Haz lo mismo con la otra persona, ya sea tu pareja, uno de tus hijos, un compañero de trabajo o un cliente. Determina los valores de esas personas; si no lo haces, te costará comunicarle tus propios objetivos o sueños.

Siguiendo los trece factores determinantes que he enumerado antes, o bien visitando la página web www.drdemartini.com y rellenando online el Proceso de Determinación de Valores Demartini y, a continuación, escogiendo tus dos o tres valores más importantes y los dos o tres valores más importantes de tu compañero, puedes empezar a comunicarte de forma más eficaz y respetuosa. Hazte la siguiente pregunta: «¿Cómo me ayuda a mí a cumplir los míos si mi compañero cumple sus tres valores más importantes?», «¿Y cómo ayudan mis tres valores más importantes a que cumpla los suyos?».

Al principio te encontrarás con un obstáculo y pensarás: «No sé cómo lo hace». Por eso querrás cambiarlo, o arreglarlo, o hacer que la otra persona sea diferente. Pero la maestría en la vida es la voluntad de mirar más allá de las primeras apariencias. Aprende a comunicar lo que crees que es importante en función de sus mayores valores y de lo que esa persona cree que es más importante.

Formúlate esta pregunta: «¿Cómo a lo que mi compañero dedica su vida y lo que es más importante para él me va a ayudar a cumplir lo que me gusta, lo que es más importante para mí?».

Por ejemplo, tomemos el caso anterior: los valores más importantes de la mujer implican a su familia, y los del marido implican al negocio. Él puede detenerse y decir: «¿En qué ayuda a mi negocio que ella dedique su vida a formar una familia?».

Al principio, él puede pensar: «No lo sé. Implica mucho tiempo. Cuesta dinero». Pero hace bien en verlo de otra manera. ¿Cómo lo consigue? Tener una familia demuestra éxito. Le ayuda en su imagen empresarial. También establece un estándar elevado para ambos. Tener familia va muy bien para subir el listón y asegurarse de que la casa sea bonita, los niños vayan bien vestidos, tengan una excelente educación y gocen de un mayor bienestar. Esta reflexión le ayuda en su negocio.

Pregúntate: «¿De qué manera me sirve lo que es importante para la otra persona?». Si no puedes verlo, te pasarás la vida intentando cambiar a la otra persona, lo que erosionará y posiblemente acabará destruyendo la relación. Entonces dale la vuelta y pregúntate: «¿De qué manera que yo dedique mi vida a los negocios le está ayudando a ella a lograr sus objetivos con nuestra familia?».

La esposa puede ver que el hecho de que su marido dedique muchas horas al trabajo le está aportando ingresos, está ayudando a que los niños vayan a una mejor escuela y otras cosas por el estilo.

Piensa en al menos diez, quince, veinte, veinticinco o incluso treinta vínculos. Cuantos más vínculos puedas establecer entre lo que es importante para ti y lo que lo es para la otra persona, más respetuosa y significativa será la comunicación en esa relación. Todo el mundo quiere ser apreciado por lo que es, de acuerdo con sus valores más importantes. Nadie desea que le griten, que le digan qué tiene que hacer, todo el mundo quiere que ser querido por lo que es. La única manera de hacerlo es averiguar qué es importante para esa persona y respetarlo averiguando cómo te puede servir a ti, y viceversa. De una relación no puede aflorar ningún gran tesoro si no hay un arte del amor y la comunicación.

Si proyectas tus valores en la otra persona, no estás teniendo cuidado, porque te importan menos sus valores que los tuyos. Si infravaloras los tuyos y exageras lo que es importante para esa persona, estás sacrificando tu vida, lo que con el tiempo genera resentimiento.

Pero si aprendes el arte de la comunicación, vinculando lo que es importante para ti con lo que es importante para esa persona y comunicando tus valores desde el punto de vista de los suyos, se produce la magia, porque el cuidado es crucial en un matrimonio o en cualquier otra relación duradera.

Asegúrate de comunicar tus valores más importantes en función de los de la otra persona, sin sacrificar ni infravalorar los suyos ni los tuyos propios. Dedica tiempo a determinar cuáles son sus valores más importantes. Podemos pensar que no queremos dedicar este tiempo, pero en realidad nos ahorra una enorme cantidad de tiempo en discusiones, frustraciones, agravios y dudas. Tómate el tiempo necesario para determinar los valores de la otra persona, relaciona tus valores con los suyos y verás cómo surge el tesoro de la comunicación afectuosa.

La mayoría de la gente se relaciona con figuras fantasiosas, esperando ser alguien que no es. He aquí una señal de que tienes una fantasía; dices cosas como «Tiene mucho potencial». Cada vez que afirmas eso, significa que estás proyectando tus valores en esa persona, y la castigarás si no está a la altura, y probablemente tienes una expectativa poco realista de quién se supone que debe llegar a ser.

Esto es lo curioso de las relaciones: es un juego de adivinanzas. Como ves el mundo de una determinada manera, puedes suponer que los demás también lo ven así. No le dices al otro cuál es tu expectativa; se supone que tiene que adivinarla. Esperas que los demás te lean la mente y los castigas cuando no lo hacen. Cuando lo hacen, exclamas: «¡Por fin haces lo que espero!».

Es muy probable que la idea del matrimonio te ronde por la cabeza desde la infancia. Los cuentos de hadas nos han dejado imágenes de Cenicienta y el Príncipe Azul o de algo parecido, y a veces nos creamos fantasías y expectativas poco realistas. Nos pasamos la vida comparando a los hombres y las mujeres de nuestras relaciones con estas fantasías, lo que puede dar lugar a lo que parecen ser fracasos y reveses.

Me gustaría hacer un pequeño repaso a la realidad de las relaciones. No encontraremos el verdadero tesoro en un matrimonio si seguimos comparando a nuestra pareja con fantasías. Se desplegará, se revelará y brillará sólo si bajamos a la verdad real, que es mayor que las fantasías; aunque pensemos que las fantasías van a ser más satisfactorias, no lo son.

Si nos fijamos con atención, descubriremos algo nuevo sobre nosotros mismos en el proceso. Como hemos visto, vas por la vida con una serie de valores y te esfuerzas por llegar a lo más alto de esa escala. Y de repente te encuentras en una relación con alguien que parece tener valores diferentes o incluso complementariamente opuestos.

Crees que quieres a alguien que sea como tú, que esté de acuerdo contigo y que haga las cosas que deseas hacer, pero la naturaleza no funciona así. La naturaleza se asegura de que las áreas que no son tus valores más importantes estén llenas de personas que sí los tienen como sus valores más importantes. Aunque sigamos buscando cosas que nos apoyen, seguimos obteniendo cosas que, además de apoyarnos, nos desafían.

En otras palabras, las cosas que se encuentran más abajo en nuestra escala de valores suelen ser importantes para otras personas que las tienen más arriba en la suya. Alrededor del 75 % de los hombres se centran en actividades intelectuales y en el desarrollo empresarial y financiero, y más o menos un 75 % de las mujeres se centran en las relaciones, la vida social, la salud y la belleza. Eso no significa que, como mujer, no puedas centrarte en las otras áreas, porque el 25 % de las mujeres lo hace. Pero a menudo ese 25 % atrae a hombres que reflejan sus partes repudiadas y se centran en el otro lado: las relaciones sociales y físicas.

En resumen, lo que se encuentra más abajo en nuestra escala de valores suele aparecer en nuestras relaciones. Esto es bastante gracioso, porque suponemos que buscamos a alguien que nos aporte felicidad, cuando en realidad nos ofrece un cariñoso equilibrio de apoyo y desafío. Nos hace indagar en nosotros mismos y asumir cosas que quizá no queríamos asumir o afrontar, y nos ayuda a ser más íntegros y auténticos.

Ahí es donde empieza realmente el crecimiento. En mi opinión, el propósito del matrimonio es crecimiento, crecimiento en la voluntad de abrazar a nuestro yo, de tomar incluso las cosas que en un principio no eran importantes para nosotros, de descubrir cómo nos sirven y de llevarlas en nuestro corazón.

A menudo digo que ni siquiera busco la felicidad en las relaciones, aunque es probable que eso sorprenda a algunos. De hecho, tengo un nuevo libro que saldrá a la venta algún día, titulado I Gave Up Happiness: It Made Me Too Sad. Sigo encontrando gente que se está preparando para algo que sólo respalde sus valores. Sigue buscando, y no acepta ningún desafío en la vida. Pero también necesitamos a alguien que nos desafíe, y tal vez los desafíos sean lo que nos hace crecer.

Por tanto, una relación sabia y satisfactoria tendrá un equilibrio entre el apoyo y el desafío, momentos de felicidad y tristeza, instantes para ser amable y ser ruin, e incluso a veces momentos para ser atento y ser cruel. Eso es lo que nos hace crecer.

No quiero que tengamos fantasías de felices para siempre, sino realidades, sabiendo que cuando alguien nos desafía, nos está ayudando a crecer. Si te fijas bien en la relación, verás que tu pareja no se centra en lo que tú crees que es tan importante. Intentas proyectar tus valores en ella, pero sencillamente no van a ser entendidos.

Esto nos enseña a preocuparnos por otra persona desde el punto de vista de su escala de valores, que suelen ser las cosas que se encuentran más abajo en la nuestra. De este modo conseguimos abrazar todos nuestros valores, ser más equilibrados y tener plenitud en la vida. La felicidad es la mitad de la plenitud, la tristeza es la otra mitad y el amor verdadero es la plenitud, que abarca toda nuestra vida y a la otra persona con nosotros.

Cuando empiezas una relación, si piensas que se supone que tiene que ser feliz, agradable y pacífica todo el tiempo, te predispones a la fantasía y a la adicción. Es como un imán: si lo cortas por la mitad intentando obtener sólo el lado positivo, no lo conseguirás: siempre obtendrás un polo positivo y un polo negativo. Si empiezas una relación buscando sólo un lado, el positivo, sin permitir ni abrazar los otros aspectos, te vas a perder el amor magnífico que te rodea. El amor verdadero tiene ambas caras: un equilibrio entre apoyo y desafío, momentos de amabilidad y malevolencia, bondad y frialdad.

Si esta idea supone un desafío, examina con sinceridad tus relaciones. A veces la persona a la que amas (quizás tu hijo) hará cosas que percibes como un apoyo a tus valores más importantes y en otras ocasiones hará cosas que percibes como un desafío. A la inversa, si te fijas en cómo te ve esa persona, descubrirás que te percibe tanto como un apoyo como un desafío.

El verdadero amor respeta a ambas partes. ¿Cómo vas a tener el magnetismo que deseas en tu vida si no estás dispuesto a abrazar ambos lados del imán? El verdadero matrimonio es un magnetismo equilibrado. Por eso en las relaciones atraemos a nuestras partes repudiadas, para ayudarnos a poseer nuestro yo pleno y así poder vivir con plenitud. El matrimonio está diseñado para ayudarnos a crecer en amor y plenitud, no para perseguir fantasías insostenibles. Todos nosotros tenemos dos caras. Y nos encantaría ser amados por ambas caras. La plenitud respeta a ambas.

Determina tus valores, y, luego, los de las personas que están cerca de ti (tus seres queridos, tu pareja, tus hijos, los compañeros del trabajo, los clientes, quien sea), conoce su jerarquía de valores. ¿Cómo vas a tener una relación significativa y afectuosa si no puedes comunicar tus valores desde el punto de vista de los suyos y no puedes entender y apreciar sus caras solidarias y desafiantes?

Una vez, un médico de Ohio acudió a uno de mis talleres de Breakthrough Experience. Después me llamó y me dijo:

—Dr. Demartini, voy a enviar a mi mujer para que se reúna con usted en Nueva York.

—¿Cuál es el motivo?

—Necesita corregir.

—¿Puede acompañarla?

—No, irá sola.

El tipo me pagó miles de dólares para pasar el día con su esposa. Fui al hotel donde se alojaba, me senté con ella y le dije:

—Su marido dice que ustedes dos están pasando por algunos problemas.

—Sí, últimamente hemos tenido muchas discusiones, y pensó que usted podría ayudarme con mis preocupaciones y expectativas.

—La primera pregunta que me gustaría hacerle es: ¿qué es lo más importante para usted? ¿Qué es lo más importante en tu lista de valores?

Pasamos por mi proceso de determinación de valores y determinamos sus valores, y era un caso bastante clásico. Sus hijos eran lo más importante para ella, así como su casa, su familia, la belleza, la salud de los niños: las cosas clásicas tradicionales.

—¿Cuáles son los valores más importantes de su marido? –le pregunté entonces.

—Trabajo, ganar dinero, jugar al golf, coches lujosos, socializar y fumar puros. –Tenía los valores de su marido bastante claros.

—Si los ordenara por prioridad, ¿cuál sería la principal prioridad de su marido?

—Los negocios.

—¿Y la suya?

—Mi familia.

—¿Cómo la está ayudando a usted con la familia el hecho de que él esté volcándose en sus negocios?

—No lo hace; está interfiriendo con la familia. Nunca está en casa.

—Entonces, ¿cómo está ayudando a sus negocios que usted pase tiempo con los niños?

—No lo sé.

Si ella no puede ver cómo lo que es más importante para ella le ayuda a él, y él no puede ver cómo lo que es más importante para él le ayuda a ella, tendrán una relación escabrosa.

Hay un hermoso principio en la física cuántica llamado entrelazamiento. Afirma que de la sopa primordial del universo, una singularidad dio lugar a toda manifestación; por lo tanto, en última instancia, todo está conectado de alguna forma. A partir de esa constatación, pensé: «El sistema de valores de todo el mundo en el planeta está ayudando y equilibrando el de otra persona».

Alguien en el mundo tiene un sistema de valores opuesto al tuyo. ¿Te lo imaginas? Es gracioso que a menudo encuentres a esa persona y te cases con ella.

El matrimonio no está diseñado para la felicidad hedonista, excepto en momentos puntuales. Las únicas personas que lo creen son ingenuas y un poco inmaduras. Su finalidad no es la felicidad; la finalidad de un matrimonio con sentido es equilibrarte y ayudarte a ser auténtico. Si eres arrogante y te crees moralmente superior a los demás, el trabajo de tu pareja consiste en desinflarte, enseñarte a ser humilde y centrarte, para que tu corazón pueda abrirse. Al mismo tiempo, si llegas a casa triste y deprimido, ¿qué hace tu pareja? Te hace saber que no estás tan mal. Te levanta el ánimo, ¿verdad?

Si alguien se te acerca y te rebaja y tú caes más bajo, quiere que vuelvas a levantarte. Supongamos que alguien te menosprecia diciéndote «No eres más que una escoria podrida de la tierra» y tú piensas «Tienes razón, no merezco vivir. Dispárame; acaba de una vez conmigo». Si caes más bajo de lo que en realidad pretendía, te pondrá de nuevo en tu sitio: «Tal vez estaba exagerando; ya me conoces, venga, no me hagas demasiado caso».

Pero ahora supongamos que alguien se acerca y me dice: «Dr. Demartini, ha hecho un gran trabajo. Es maravilloso; es el mejor». Si voy más allá y le respondo: «¡Ha tardado mucho en darse cuenta!», me bajará los humos.

Cuando vas más alto de lo que la gente quiere ponerte, te hacen bajar de las nubes. Cuando, por el contrario, caes demasiado bajo, te levantan. Es la naturaleza humana.

Si no sé comunicarme desde el punto de vista de los valores más importantes de los demás y voy por ahí proyectando jactanciosamente mis valores, estoy siendo imprudente. Estoy exagerándome e infravalorando a los demás. Si hago lo contrario, infravalorarme y poner a los demás en un pedestal, estoy siendo prudente; estoy andando con pies de plomo. Pero cuando al otro individuo ni lo pongo en un pedestal ni lo infravaloro, sino que lo pongo en mi corazón, tengo empatía. Esto es lo que mantiene el matrimonio.

Cuando tuve en consulta a esta señora, identificamos sus valores y los de su marido; luego me pasé el día relacionándolos, preguntando: «¿Cómo ayuda el valor más importante que tiene usted a que él consiga sus valores más importantes? ¿Y cómo le ayuda el valor más importante de su marido a que usted consiga lo que quiere?».

Estuvimos dándole vueltas hasta que se nos ocurrieron entre 250 y 300 vínculos (porque están ahí; todo en el universo está vinculado). Le pregunté cómo le ayudaba a ella el trabajo de su marido. Él ganaba dinero, por lo que podían tener una casa más bonita, mejor educación, ropa mejor, un estatus social más elevado y una mejor imagen de sí mismos.

Luego le pregunté cómo ayudaba a su marido el trabajo que ella hacía en casa. «Celebro fiestas sociales en nuestra bonita casa. Le hace parecer una persona de mayor estabilidad y éxito, así que más gente quiere hacer negocios con él, lo que a su vez le hace ganar más dinero», me explicó.

Cuando terminé, ella le apreciaba por lo que era en lugar de por lo que se suponía que debía ser. Cuando por fin aprecias y amas a las personas tal y como son, se convierten en quienes amas. De lo contrario, tienes una aventura con una figura de fantasía, esperando que viva en contra de sus valores más importantes, lo cual es en vano.

Pasé a formar a la esposa como en un programa de formación de ventas. La formé sobre cómo comunicarse dentro de sus valores más importantes.

Camino de casa, entró en una tienda de artículos deportivos. Compró una revista de golf, tres pelotas y un polo de golf.

Cuando llegó el marido, le dijo:

—Iba de camino a casa y pensé en ti. Paré y te compré unas pelotas de golf. ¿Son con las que te gusta jugar? ¿Y te pondrías este polo? Estaré encantada de volver y comprarte otro.

»Ahora estaba leyendo esta revista sobre golf —continuó—. Es muy interesante. He visto que pronto se celebrará el torneo al que acudes todos los años. Siempre te reprocho que vayas porque siempre es en fin de semana, cuando quiero hacer algo con los niños.

»He llamado a mamá y me ha comentado que ese fin de semana hay un mercado de electrodomésticos. Podría ir donde está mamá y llevar a los niños conmigo. Pueden ver a la abuela, podemos ir a comprar algo y con lo que pueda ahorrar podré pagar el viaje. De todos modos, necesitamos estas cosas. Podría ir allí y ahorrarte dinero.

—Quizá lo mejor es que te lleves la tarjeta de crédito —respondió.

Poco después, recibí una carta del marido. Decía: «¡Qué diferencia en nuestra relación! Gracias por lo que ha conseguido». No sabía que me había pasado todo el día con su mujer, enseñándole a conseguir de él lo que ella quisiera, y que me había pagado por ello.

Muchas veces, en mis seminarios, la gente se me acerca y me dice: «Sabe, Dr. Demartini, mi madre me abandonó cuando tenía cuatro años», o «Mi padre murió cuando tenía seis años», o «Tuvimos un divorcio en nuestra familia», o «Mi hermano falleció joven». Muchas veces la gente se centra en lo que cree que le falta.

Lo que voy a decir es posible que al principio te sorprenda. Pero quiero que lo pienses bien, más allá de tu pensamiento normal, porque te garantizo que hay un gran don y un gran tesoro.

No falta nada. Lo he experimentado en mi propia vida y mi familia, y he recibido comentarios de miles de mis estudiantes y clientes. Cuando te fijes de verdad, verás que cuando alguien se va de tu vida, ya sea por muerte o por decisión propia, en realidad no existe ningún abandono; hay una transformación. Los maestros de la vida comprenden la transformación, pero las personas comunes y corrientes viven en ilusiones de ganancia y pérdida y, a menudo, en etiquetas de víctima. Esperan conseguir algún día algo que creen que no tienen, pero que en realidad sí lo tienen. Y piensan que han perdido algo cuando en realidad no es así.

Cuando pienses que has perdido algo de alguien o que alguien no está ahí a tu disposición, quiero que anotes los rasgos que crees que te faltan. Descubrirás que los rasgos que crees que te faltan son los que admirabas y de los que estabas prendado; no serán los que te disgustaban y te molestaban. No echarás de menos las cosas que te molestan; sólo echarás de menos aquello de lo que estabas prendado. Eso significa que, en lugar de ver a la persona en su totalidad, en realidad te sentías atraído por partes de ella y la tenías en un pedestal. Por eso duele cuando se va.

De hecho, no vale la pena poner a nadie ni en pedestales ni en fosas, sino en el corazón. Si nos fijamos detenidamente en lo que creemos que falta y desglosamos los rasgos que parecen haber desaparecido de repente (la forma en que nos abrazaba, la manera en que nos miraba, el modo en que nos hablaba), podemos preguntarnos: «¿Quién ha aparecido ahora en nuestras vidas para aportar esas cosas a nuestra vida?». Si nos fijamos con atención y no nos detenemos hasta verlo, descubriremos que siempre está ahí.

Pondré un ejemplo. Hace años estuve trabajando con un caballero en Sudáfrica cuyo hijo fue asesinado. Un día le pregunté:

—¿Qué es lo que más echó de menos cuando falleció?

—Ponerme en su piel y jugar a la pelota con él, y hacer otras cosas de este estilo.

—Entonces, cuando él murió, ¿quién apareció en su vida para volver a hacer estas cosas?

—No lo sé. No apareció nadie.

—Piense un poco más –le dije.

—Oh, Dios mío. ¿Qué dices? Cuando murió nuestro hijo, al día siguiente saliste y te compraste unas zapatillas de tenis… Nunca habías llevado zapatillas de tenis desde que te conozco… y empezaste a hacer deporte. Empezaste a adoptar algunos de los rasgos que él tenía. Es casi como si lo llevaras dentro –intervino su esposa, que estaba sentada al lado.

Esto es lo que he observado. Cuando alguien desaparece de nuestra vida, otra persona trae a nuestra vida aquello que representaba. Identifica estos rasgos y pregúntate: «¿Quién los trae ahora y cuáles son los beneficios de estos nuevos rasgos? Y cuáles eran los inconvenientes de la persona que se ha ido para romper ese deseo persistente».

Descubrirás que en realidad no falta nada. Sólo ha cambiado la forma. Entonces sentirás la nueva forma mientras honras la presencia del individuo que se ha ido. Resulta empoderador hacer esto en lugar de revolcarse en el remordimiento, el duelo y la pena, que son bloqueos para el amor. No son más que los restos de una adicción a las cosas de las que nos encaprichamos. Las personas merecen amor, no encaprichamiento. Esta comprensión nos libera para sentir la presencia de la persona querida y seguir adelante con nuestras vidas. De lo contrario, nos aferramos al pasado en lugar de vivir el presente y avanzar hacia el futuro con nuestros sueños. No falta nada; sólo que está en una nueva forma. En el momento en que nos demos cuenta de esto, abriremos los tesoros dentro de nuestras vidas en lugar de vivir en el dolor y la pérdida.

Me encantaría que en tus relaciones te dieras cuenta de que tienes una madre, un padre, una hermana, un hermano, un cónyuge, un amigo, incluso un abuelo y un nieto, todo el tiempo en tu vida. Sólo cambian las formas. Un niño que pierde a su madre y a su padre cogerá una muñeca y la convertirá en madre y padre. Hará que el muñeco le hable y le regañe como una madre y un padre. O le dará la vuelta y actuará como la madre y el padre con el muñeco para completar la dinámica familiar. Esto demuestra que no falta nada. O es posible que de repente aparezca una tía, una abuela o una hermana mayor y desempeñe el papel de la madre.

En lugar de actuar como una víctima, pensando que te falta algo, consigue la victoria. Abre el cofre del tesoro que hay dentro de tu conciencia haciendo preguntas de calidad y descubrirás que no falta nada en tu vida. Cuando lo hagas, llegarás a un estado de empoderamiento y plenitud. Entonces el cofre del tesoro se abre y de repente ves que hay diamantes; puedes brillar; puedes dejar que tu vida sea plena.

Sé consciente de que hagas lo que hagas en una relación, vas a recibir tanto elogios como reprimendas. Si eres arrogante, te reprenderá. Si eres demasiado modesto, te ensalzará.

Por cierto, tus hijos son expresiones genéticas de tus represiones. Con cada cosa que repudias y reprimes en tu vida, activas un gen que se manifiesta y te pone a prueba. Si esperas paz a tiempo completo en la familia, estás viviendo en una fantasía. La familia no está diseñada para ser sólo tranquila. Toda dinámica familiar está pensada para tener tanto paz como guerra, tranquilidad y agitación. A veces cooperas y en ocasiones compites. Cuando el padre y la madre discuten, los hijos están unidos. Cuando el padre y la madre están en paz, los hijos se pelean. Cuando uno de los hijos se lleva bien con el padre, la madre o el hermano se enfada con el mismo hijo.

—¡Mamá está rara hoy! –exclama el niño.

—¡Oh, no te preocupes! Sólo está en ese período del mes — interviene el padre.

En otra ocasión, la madre se lleva bien con uno de los niños y el padre no. Entonces es posible que la madre diga:

—No le hagas caso; tiene problemas en el trabajo.

Tanto la paz como la guerra están siempre presentes.

Siempre que esperes paz, vas a tener vecinos que estén en guerra contigo. Es irónico que la manera de tener una familia pacífica sea estar colectivamente en guerra con los vecinos.

El gran descubrimiento es que en cualquier momento de tu vida, cuando alguien te alaba, te recomienda o es amable contigo, otra persona está siendo desagradable contigo. Esperar una cara sin la otra es como intentar tener un imán de un solo polo. La vida es como un imán. Es inútil intentar tener una cara sin la otra, pero si abrazas ambas caras, te das cuenta de que tienes un don. La mayoría de la gente va por ahí diciendo: «Aún no soy perfecto». ¿Y si lo son, y tú sólo esperas que sean de una única cara?

Llega un momento en que te das cuenta de que cuando eres bueno con alguien, otro es malo con él. Cuando eres malo con alguien, otro es bueno con él. Cuando alguien es malo contigo, otro es bueno contigo. Cuando alguien es bueno contigo, otro es malo contigo. Si todo el mundo es amable y te apoya, si no tienes a nadie que te mortifique, te mortificas tú mismo. Todo es equilibrio; ambas caras son necesarias en la matriz, todo para equilibrarnos y hacernos o mantenernos auténticos.

Prefiero que me mortifique otra persona, porque al menos es a tiempo parcial, que mortificarme yo a tiempo completo. La gente que te apoya en exceso puede hacerte dependiente; la gente que te desafía puede hacerte independiente. En el mundo hay emprendedores e intraemprendedores. Las personas que perciben que han sido desafiadas a menudo se convierten en emprendedores; las personas que perciben que no han sido desafiadas a menudo se convierten en intraemprendedores, trabajando para otras personas, buscando un lugar donde empalmar el cordón umbilical. Pretendes empoderar las siete áreas de tu vida.

Si miras con atención en tu interior, descubrirás que tienes todos los rasgos: los tienes todos. Somos como personas holográficas. No te librarás de ningún rasgo. ¿Has intentado deshacerte alguna vez de un rasgo en otra persona, por ejemplo, en tu cónyuge? Es inútil. No va a funcionar. No funciona. No ha funcionado durante miles de años y, sin embargo, seguimos intentándolo.

Ni siquiera puedes cambiarte tú mismo. Piensas «Hoy sólo voy a ser positivo». Entonces aparece alguna cosa extraña y sorprendente que te hace enfadar y ser negativo. ¿Te has dado cuenta? No estás diseñado sólo para ser positivo. Estás diseñado para ser equilibrado. Tengo todos los rasgos. Soy bueno, malo, amable, cruel, doy, recibo, soy generoso, tacaño, honesto y mentiroso. Es sabio reflexionar y ver la verdad y aceptar mi naturaleza completa.

No importa lo que digan de ti, es verdad. Si puedes admitirlo y ver qué beneficio sacas de ello, simplemente te resbalará; no te afectará. Sólo cuando no admites las cosas que la gente dice de ti, te pone a prueba. Te enfada, te hace reaccionar. Digan lo que digan, tienes todos los rasgos; admítelo y sé consciente de que los demás también los tienen. Nunca esperes que la gente pierda o gane rasgos. Son eternos; la gente nace con ellos, igual que con el resto de los rasgos. Todos son necesarios en distintos momentos de la vida, en los que sirven de mucho. Cuanto más intentes reprimir alguno de ellos, más se expresará.

5

El secreto y poderoso tesoro de la influencia social, el liderazgo y el legado

El siguiente tesoro que vamos a desvelar es el poder de nuestro tesoro social. Hace años, redacté una lista de personas que me encantaría conocer en mi vida: grandes celebridades, grandes líderes, grandes personas que han dejado o están dejando huella en la historia. Anoté sus nombres porque creo firmemente que lo que escribes, miras, meditas, visualizas y afirmas se manifiesta.

Algunos de los nombres que anoté eran celebridades del cine; otros, grandes líderes; otros, premios Nobel. En aquel momento, me pareció muy exagerado, porque pensé «¿Cómo voy a conocer a estas personas?».

De alguna manera me encontré en el restaurante adecuado o en un avión sentado junto a ellos. Fue una casualidad. Creo que nuestro pensamiento dominante más interno se convierte en nuestra realidad tangible más externa. Si tenemos la visión de conocer a grandes personas, atraeremos a las personas, los lugares, las cosas, las ideas, los acontecimientos y las sincronicidades que nos permitan conocerlas.

Tal vez te estés preguntando «¿Por qué querría conocer a estas personas?». Mi experiencia es que si empiezas a relacionarte con gente que tiene un impacto en el mundo, saca de ti lo que eres capaz de hacer. Tú eres capaz de hacer lo mismo; en realidad no importa de qué o de dónde partas.

Cuando era adolescente vivía en la calle. Solía mendigar. A veces entraba en restaurantes y buscaba restos de comida en las mesas. Sé lo que es no tener nada, pero también sé lo que es vivir en áticos y en un yate gigante y relacionarse con líderes mundiales. La diferencia entre donde estaba y donde estoy ahora es simplemente que tuve el coraje de reconocer que podía parecerme a los líderes influyentes y que no soy menos ni me falta nada. En el caso de que aún no lo hayas hecho, quiero que ahora mismo te concedas permiso para juntarte con cualquier persona que te encantaría conocer.

Tenía como meta conocer a John F. Kennedy Jr., que cumple años el mismo día que yo (el 25 de noviembre). Más tarde tuve la oportunidad de vivir a escasas puertas de él, en el Upper East Side de Nueva York, y pasear y conversar con él y con la actriz Daryl Hannah. No fue exactamente como lo había imaginado al principio, pero atraje a las personas, los lugares, las cosas, las ideas y los acontecimientos para que pasara, porque lo había escrito, visualizado y afirmado, y estaba dispuesto a dar un paso para lograrlo. Creo que cuando una persona cree que tiene algo global que ofrecer en la vida, de alguna manera, eso puede quedarse contigo. Puede abrirte la posibilidad de sacarlo a la luz.

Algunos psicólogos y neurólogos no creen en la existencia del alma, el estado de amor incondicional o el yo auténtico, pero yo creo que tenemos una parte inspirada de nosotros que anhela en su interior marcar la diferencia y hacer algo grandioso que potencialmente podría dejar un legado inmortal.

Aunque nuestros miedos y nuestra culpabilidad nos frenen, nuestra alma nos llama a esferas y alturas cada vez mayores. Si escuchamos a esa alma inmortal que está dentro de nosotros, podemos hacer algo asombroso en el mundo, no pequeñas cosas, sino cosas globales. Si abrimos nuestros corazones y nuestras mentes a esa posibilidad, preparamos una lista de las personas que están haciendo esas cosas y creemos que tenemos cada rasgo que vemos en ellas, entraremos en consonancia con estas personas y estaremos en igualdad de condiciones. Atraeremos a las personas, los lugares y las cosas para que se produzcan esos encuentros.

Haz una lista de las personas a las que te encantaría conocer; a continuación, mira en tu interior y descubre dónde tienes todos sus rasgos que tanto admiras (no te rindas hasta que los veas, porque los tienes). Lee tu lista y visualízala. Toma algunas medidas si te sientes con el valor suficiente. Y sorpréndete con las posibilidades de a quién puedes conocer y las oportunidades que podrían aparecer. Aunque vivas en una ciudad pequeña y tengas un trabajo sencillo, escribe una lista de cómo ese trabajo afecta al mundo a través del efecto dominó. Piensa en cómo ese producto, ese servicio o esa idea llega a los demás, les ofrece oportunidades y se extiende por todo el mundo.

Permítete creer que eres merecedor de un funcionamiento global. Observa lo que ocurre en tu imaginación si te centras en estas cosas, porque mereces ser alguien que marque una diferencia cada vez mayor.

Lo siguiente es con quién te relacionas. Si lo haces con personas que piensan en pequeño, querrán mantenerte más pequeño; si te relacionas con personas que piensan en grande, te ayudarán a ser más grande. Pasa el rato con gente que te haga crecer. Sigue haciéndote estas preguntas: «¿Quién puede ayudarme a dar más de mí?», «¿Quién saca de mí más de lo que suelo sacar de mí mismo?».

Cuando conocí a Paul Bragg, yo vivía con un grupo de chicos en una tienda de campaña. Con el tiempo me enteré de lo que les había pasado a algunos de los otros chicos que vivían allí. Uno de ellos murió de adicción a la cocaína. Otro se encuentra en una residencia porque tuvo una sobredosis y tiene problemas psiquiátricos. Otro es un sintecho. No es ninguna broma. Si no hubiera conocido a Paul Bragg, probablemente hoy no estaría vivo.

La gente con la que te relacionas marca la diferencia. Si quieres ser un líder, relaciónate con gente que sea líder. Abrirás las puertas para poder crecer. Pero a su vez es sabio e importante animar a otras personas a que se den permiso para hacer lo mismo. Si ahora tengo la bendición de vivir una vida increíble, es hora de pasar el relevo y ayudar a otras personas a concederse permiso para hacer lo mismo. Si he empezado en la calle y he conseguido tener las cosas que tengo hoy, garantizo que alguien más puede hacer lo mismo.

Cuando tenga setenta u ochenta años, resultaría inspirador tomarme un tiempo para ir por las calles sin tener nada, sólo para saber, cuando tengo tanto, qué es volver a tener tan poco. Y cuando tenga noventa años, si sigo vivo, buscaré a un chico de diecisiete y le pasaré el relevo. Son dos cosas que me encantaría hacer.

Así pues, ¿por qué no ir a por ello? Concédete permiso para hacer algo estrafalario. Date permiso para vivir una vida increíble. Te lo mereces. Pregúntate dónde quieres jugar al juego de la vida y en qué nivel social deseas jugar.

Cuando empiezas y eres un niño, tus padres ponen las reglas. Cuando tienes unos dieciocho años, desafías a tus padres; empiezas a pensar de forma independiente. A esta edad los que ponen las reglas son los colegas de fiestas, los compañeros del trabajo y la gente de la escuela.

Entonces terminas los estudios. Es posible que montes tu propio negocio en vez de trabajar por cuenta ajena; ahora las normas las pones tú. Tus profesores y tus padres ya no tienen poder sobre ti y ya estás por encima de algunos de tus amigos. Ahora tienes cierto grado de poder. Pero ahora las normas municipales te subyugan. Con el tiempo, desarrollas una empresa que abarca toda la ciudad y te haces amigo de la gente de la política municipal. Ahora esa gente ya no te subyuga, porque conoces su juego y participas en él.

Luego, a medida que tu empresa sigue creciendo, te encuentras con leyes estatales; el gobierno estatal ahora te gobierna a ti. Con el tiempo, tienes una empresa multiestatal y empiezas a tener influencia en todo el estado. El estado no quiere perderte, porque das empleo a mucha gente. Tienes influencia sobre el estado, pero ahora te enfrentas al gobierno nacional. Con el tiempo, te conviertes en una multinacional y tienes influencia en varios países. Si un país está molesto contigo, puedes cerrar el negocio y abrirlo en otro país. Tienes un efecto global, eres multinacional, así que los gobiernos nacionales no te gobiernan. Pero ahora en su lugar están los gobiernos y las organizaciones mundiales.

Finalmente, consigues ir más allá de este nivel. Eres el sabio, ves más allá de todas esas cosas y ahora te gobiernan las leyes universales. Las personas que se encuentran en la cima son las más libres. Pueden ver la visión. La gente de abajo sufre toda la presión.

En la cima o lo más cerca posible de ella es donde quiero jugar en el juego de la vida. Si me junto con gente de abajo, es probable que me subordine a los valores de los demás y que viva bajo la autoridad percibida. Automáticamente, no parezco tan libre para hacer realidad los sueños de mi vida. Pero si una y otra vez me estoy empoderando y crezco amando a la gente y amándome a mí mismo lo suficiente como para honrar mi visión, y si sigo expandiendo mi mente, educándome y empoderándome en todas las áreas, finalmente conseguiré elevarme para crear o contribuir al próximo sistema colectivo de valores sociales.

Einstein afirmó: «Para castigarme por mi desprecio a la autoridad, el Destino me ha convertido en una autoridad». Su renuencia a someterse a la autoridad percibida, fijándose, en cambio, en las leyes del universo, es lo que lo convirtió en una superautoridad que hoy es inmortal.

Eso es lo que puedes hacer en tu liderazgo. Puedes permitirte recibir, servir, escalar y elevarte, porque es tu naturaleza hacerlo. Como he dicho, nadie se levanta por la mañana y dice: «Quiero ser menos poderoso; quiero estar subordinado».

Tomemos una sociedad que se desempodera de dictadores. Aplaudimos a sus ciudadanos cuando se abren camino y recuperan una nación libre. Lo mismo ocurre en nuestra vida. Merecemos vivir una vida libre, que es cuando realmente puedes decir «Hago lo que me gusta, amo lo que hago. Adoro a la gente con la que lo hago, y me encanta compartir la inspiración de mi vida con los demás». Ésta es una vida libre y nos la merecemos.

Una vez estaba visitando a un médico en Chicago y se nos hizo muy tarde. Nos dimos cuenta de que eran casi las doce del mediodía, así que decidimos ir a comer algo. Fuimos a parar a un pequeño restaurante mexicano, nos sentamos y pedimos algo de comer. Había tres hombres jóvenes, probablemente de unos veinte o treinta años. Tenían aspecto de haber estado trabajando, quizá en la construcción. Uno de ellos era uno o dos años mayor y parecía tener un cargo superior. Actuaba como el jefe de los otros dos. Daba consejos como si fuera su líder. Era el superior, y ellos estaban pegados a sus consejos.

Entonces entraron dos empresarios y se sentaron en la misma mesa. De repente, quien había estado actuando como líder se calló; no habló. Poco después entró otro señor que parecía aún más poderoso que los otros dos, y éstos se callaron.

Mientras observaba este juego de autoridad, me di cuenta de que todo el mundo es un líder para alguien y todo el mundo es un seguidor para alguien. Así que no es sensato pensar que no tenemos dotes de liderazgo.

Quiero que mires a tu interior y saques el tesoro de liderazgo que llevas dentro. Lo tienes, no importa en qué nivel estés jugando o a qué nivel pienses llegar. Ten bien presente que tienes liderazgo, tienes las habilidades y también el poder. Quieres honrarlos.

Una de las claves del liderazgo es estar dispuesto a aceptar tanto el apoyo como el desafío. Independientemente de lo que digan de ti, quieres ser capaz de decir «Vale, está bien; me es útil». Puede que seas líder de tu familia, de tu escuela o de tu lugar de trabajo. Sea lo que sea, eres un líder y quieres reconocerlo. Si no lo haces, te infravalorarás a ti mismo y exagerarás la importancia de los demás.

A veces en mis seminarios la gente me pone en un pedestal. Yo les digo lo siguiente: «Escuchen, sólo soy un ser humano. Sólo hago lo que me gusta. Mis valores no son ni mayores ni menores que los suyos; simplemente son diferentes. Si creen que ven en mí algo que admiran, deténganse ahora mismo y averigüen dónde lo tienen dentro de ustedes mismos, porque si me ponen en un pedestal, ustedes mismos se están infravalorando. Y si se están infravalorando, no les va a llegar el mensaje que estoy tratando de compartir con ustedes. Quiero que me vean como su reflejo. Lo que vean en mí les pertenece; descúbranlo y admítanlo. De lo contrario, serán un cordón umbilical buscando un enchufe al que conectarse en lugar de un ser humano con vida y visión propias. Mientras vayan por ahí buscando a algún individuo al que admirar, no se mirarán en el espejo y se admirarán ustedes mismos».

No niego que tenga un mentor o que respete los grandes logros, que pueden ser extremadamente útiles. Pero cuando encuentres un mentor, comprende que lo que ves en él ya está dentro de ti. Hazlo tuyo, identifícate con él y atráelo a tu vida. Haz una lista no sólo de lo que puede hacer por ti, sino también de lo que tú puedes hacer por él. Al satisfacer sus valores, puedes identificarte con él y construir una gran red de liderazgo social. En eso consiste el liderazgo. Ésa es la clave, porque en realidad tienes un líder dentro de ti.

Mientras observaba cómo el caballero de aquel pequeño restaurante mexicano reconocía, primero, su liderazgo y luego lo infravaloraba cuando se encontró ante lo que él consideraba que era autoridad, casi tuve ganas de intervenir. Me entraron ganas de interactuar con todos los que estaban allí presentes y llamarles la atención sobre esta gran lección. El primer grupo se calló, se subordinó y perdió su poder.

No pierdas tu poder ante nadie. Reconoce tu poder. Sé consciente de que todas las reglas que tenemos hoy han sido creadas por personas que tienen poder, y quien tiene más poder, establece las reglas.

Si infravaloras tu poder y descuidas lo que eres capaz de hacer y no haces algo espléndido con él, puedes acabar intentando vivir la vida de otra persona. Vivirás en los tienes que y en los supuestos tienes que de los demás, en lugar de en los me gusta, las inspiraciones y los sueños que te mereces.

Tu verdadero tesoro es reconocer a tu líder interior. El verdadero tesoro está dentro de ti, esperando salir. No te mires al espejo y exclames: «¡No lo tengo!». Di «¡Lo tengo!», descubre dónde está, sal, compártelo y brilla. Sé el verdadero y poderoso tú que te mereces.

Todo el mundo tiene un liderazgo inherente. Tienen algo único que es verdaderamente su liderazgo. ¿Qué es? ¿Qué quieres liderar?

En mi caso, supe muy pronto qué me gustaría ofrecer. Mi intención era ser uno de los principales conferenciantes y educadores inspiradores de todo el mundo. Quería liderar un nuevo movimiento que ayudara a las personas a ser dueños de sus vidas y a ver el orden inherente en el universo. Pero ¿qué es lo que te gustaría liderar? Todos lo tienen; son únicos. Cuanto más auténtico seas, más aflorará.

Para ser líder, necesitas algo que liderar, algún lugar en el que liderar, un momento para liderar y un motivo para liderar. Cuando el porqué es lo bastante grande, los cómos se cuidan de sí solos. Necesitas una razón verdaderamente motivadora y significativa. ¿Cuál es tu razón? ¿Cómo vas a liderar? ¿Qué quieres liderar? Busca en tu valor más importante la fuente de tal inspiración.

He sido bendecido. En secundaria, me preparé para estudiar medicina. Era uno de los alumnos aventajados, sacaba buenas notas y estaba en la sociedad de honor de premedicina. Decidí que iba a ser quiropráctico porque me encantaba la filosofía de la sanación natural. La quiropráctica enseña que todos llevamos dentro una inteligencia innata. Todo el mundo tiene esta sabiduría del cuerpo, esta fuente de homeostasis. Sólo nuestras falsas creencias y percepciones erróneas interfieren con ella. Si volvemos a poner en orden nuestras creencias y percepciones con las leyes del universo, sanamos. Me encanta esta idea, y por eso me metí en esta profesión.

Cuando me gradué, tuve la oportunidad de hablar en mi graduación. Dije que quería ser un líder en nuestra profesión. Deseaba contribuir a nuestra profesión y mantener viva en todo el mundo la filosofía inspirada en la profesión. Hoy tengo la oportunidad de hablar ante miles de quiroprácticos y otros profesionales de todo el mundo.

Me he dedicado a ese principio porque creo que estamos perdiendo de vista el verdadero motivo de la sanación. Creemos que es un trabajo externo, pero el verdadero sanador está en el interior. A veces nos desempoderamos pensando que está ahí fuera, pero la verdad es que está aquí dentro. Si hay algo ahí fuera que funciona, es porque de alguna manera ha inspirado a lo que hay dentro para que haga su trabajo. Hay un poder en nuestro interior. Yo quería involucrarme en el liderazgo, y todavía hablo con muchos quiroprácticos y otros profesionales de la salud para intentar mantener vivo ese mensaje.

Si de verdad quieres marcar la diferencia en el mundo, permítete tener y despertar interiormente tu visión global. No conseguirás ir más allá de ninguna de tus limitaciones autoimpuestas a menos que tengas una visión, un objetivo, un propósito más allá de ti mismo. No dejes que el miedo y la culpa controlen tu vida, ten algo fuera de ti en lo que centrarte.

El liderazgo es expandir la consciencia. Como decía Emerson, nuestra mente está inconscientemente constreñida por sistemas de creencias. A medida que se expanden, la mente también lo hace y es llamada por tu auténtico yo, o alma, a esferas cada vez mayores. Cada vez que abrimos nuestro corazón para ver una nueva visión, una nueva posibilidad, un nuevo sistema de creencias, expandimos nuestros horizontes hacia el infinito.

¿Te gustaría marcar la diferencia en este planeta para que, cuando te vayas, puedas mirar atrás y decir «He hecho todo lo que he podido con todo lo que se me ha dado; he marcado la diferencia»? Yo me siento así. Pero si no defines qué es, para quién es y cómo va a ser, lo estás dejando a merced de los caprichos del mundo y de la opinión de los demás. Vas a estar subordinado a sus valores en lugar de tomar el mando y decir «Esto es lo que me comprometo a hacer. Y no dejo que nada sobre la faz de la Tierra me detenga, porque éste es mi objetivo». Observa qué sucede cuando actúas así.

Según mi experiencia, las personas que tienen la mayor causa, la mayor visión y el mayor sueño son las que dejan su grandeza en este planeta. Cuando tenía diecisiete años, Paul Bragg dijo algo que se me quedó grabado y me ha acompañado desde entonces: «Si realmente quieres hacer una contribución en este planeta, cosa que todo el mundo hace, muy en el fondo, piensa en algo más grande que el planeta».

Eso se me quedó grabado. Entonces pensé: si realmente quieres marcar la diferencia en ti mismo, ten una visión al menos tan grande como tu familia. Si quieres marcar la diferencia en tu familia, ten una visión al menos tan grande como tu comunidad. Si deseas contribuir a la comunidad y ser un líder dentro de ella, ten una visión que sea al menos tan grande como tu ciudad.

Si quieres ser el líder de la ciudad y tener un impacto importante, ten una visión y una causa al menos tan grandes como un estado. Si deseas ser el líder del estado, ten una visión y una causa al menos tan grandes como la nación. Si quieres tener influencia nacional, ten una visión global. Y las únicas personas que conozco que tienen un impacto global son personas con visiones astronómicas. Influyes en la esfera que ha sobrepasado tu mente.

Es importante expandirse. Creo que si somos agradecidos y tenemos el corazón abierto, la llave de la mente se abrirá con inspiración para llevarnos al siguiente paso. El verdadero liderazgo y el poder social surgen cuando no nos constreñimos ni nos limitamos a pensar en pequeño.

Servimos más al mundo brillando que encogiéndonos. Como afirma Marianne Williamson en su libro Volver al amor, «lo que más miedo nos da más no es ser incapaces. Lo que más miedo nos da es ser poderosos más allá de toda medida. Es nuestra luz, no nuestra oscuridad, lo que más nos asusta. "¿Quién soy yo para ser una persona brillante, hermosa, dotada, fabulosa?" En realidad, ¿quién no eres para serlo? Eres un hijo de Dios, y si juegas a empequeñecerte, con eso no sirves al mundo. Encogerte para que los que te rodean no se sientan inseguros no tiene nada de iluminado. Todos estamos hechos para brillar, como brillan los niños».

Hay siete miedos que a veces permitimos que nos detengan. El primero es el miedo a la autoridad percibida. Nos subordinamos a alguna autoridad moral percibida que puede intentar hacernos sentir que somos malos o buenos, o que tenemos razón o estamos equivocados, y que podríamos ser castigados. El antiguo oráculo de Delfos tenía una inscripción que decía «Conócete a ti mismo». Me pregunto qué pasaría si fuéramos fieles a nosotros mismos y dejáramos que nuestra voz interior y nuestra visión fueran más poderosas que la moral o las opiniones del exterior. El miedo a la autoridad percibida puede impedirnos vivir vidas asombrosas.

El siguiente miedo que nos detiene es aquel a no ser suficientemente inteligentes. Los otros son el miedo al fracaso, el miedo a la pérdida de dinero o a la pobreza, el miedo a la pérdida de seres queridos y el miedo al rechazo de la gente. El último es el miedo a no ser lo bastante sano, atractivo, fuerte o interesante.

Si dejamos que cualquiera de estos miedos nos impida alcanzar nuestra magnificencia, no vamos a brillar y vamos a ocultar nuestro verdadero potencial. Viviremos a través de los demás como espectadores en lugar de como participantes y líderes empoderados.

No quiero que esto pase en mi vida. Desde los dieciocho años, he dicho que quiero hacer lo que sea necesario —viajar cualquier distancia y pagar cualquier precio— para prestar mis servicios en este planeta al completo. Así es como me siento, y me encantaría que tú te sintieras así con lo que haces. Pero si intentas ser otra persona y tratas de vivir la vida de otra persona, no lo conseguirás. Abandona tus miedos y culpas y permítete una magnificencia, una visión, un sueño de liderazgo. Sal ahí fuera y ten una visión astronómica de lo que puedes hacer en este planeta. No te quedes con esa visión hasta que sea realidad.

Algunas personas se me acercan y me dicen: «Esto está bien para los jóvenes, pero yo tengo setenta y dos años». Y yo les respondo: «Eso es mentira. Tu edad no importa». De hecho, un hombre de Dallas, Texas, que tenía setenta y dos años, vino a la Breakthrough Experience y me dijo que era para menores de sesenta años.

Me enfrenté a él.

—¿Qué va a hacer en los próximos veinte o treinta años de su vida? Porque si no tiene algo por lo que vivir, puede que tenga algo por lo que morir –le dije.

Reflexionó sobre aquello, porque su mujer le había dicho algo parecido. De repente se volvió reflexivo y motivado. Unos dos o tres meses después, me lo encontré en otra convención. Había renunciado a la jubilación, vestía inmaculadamente y había vuelto al trabajo. Se había vuelto activo, utilizando su mente y su talento.

En realidad no importa dónde te encuentres o de dónde vengas. Lo que importa es adónde piensas ir y lo que estás dispuesto a hacer para llegar allí. No dejes que nadie sobre la faz de la Tierra te impida hacer lo que eres capaz de hacer. Y en el fondo sabes qué eres capaz de hacer.

No permitas que los miedos te hagan mentirte diciéndote que no sabes y que no puedes hacerlo. No dejes que nadie que quiera mantenerte encerrado te impida ir a por algo grande. Mereces abrir el tesoro de la grandeza y tienes el anhelo de un efecto significativo e inmortal en este planeta.

No dejes que nada te lo impida. Ni siquiera dejes que tú mismo te detengas. Céntrate en tu visión y en tus sueños y deja que una vida inspiradora acuda a ti.

Tu visión es lo que tu alma te llama a hacer, y está aquí para conducirte a donde sea que vayas. No importa a qué ámbito apunten tus valores más importantes. Cuando le preguntaron a Michael Jordan cómo había llegado a ser un gran deportista, dijo: «Siento que Dios me puso en el planeta para ser el mejor deportista que jamás haya existido». Ése era su objetivo.

Tal vez pienses: «Yo no tengo esa visión. Sólo quiero formar una familia». Tengo un libro titulado Instantaneous Personal Magnetism de Edmund Shaftesbury; es un gran libro. Mi ejemplar había pertenecido a la familia Kennedy. En él estaba escrita la declaración de principios de Rose Kennedy: «Dedico mi vida a criar una familia de líderes mundiales». ¿Quién dice que no se puede ser madre y criar una familia de líderes mundiales?

Desde que era adolescente, he tenido un sueño: hacer una contribución en cada una de las siete áreas de la vida. Cuando deje el planeta, quiero poder decir que he influido en las filosofías espirituales y las organizaciones religiosas del planeta. Creo que hay una llamada interior y es mi gran diseño organizado. Está ahí en cada uno de nosotros, aunque a veces no miremos dentro y la atendamos. En su lugar, proyectamos nuestros valores sobre los demás y sobre las cosas, etiquetándolo todo como bueno o malo, pero en realidad sólo forman parte de una matriz de amor que nos ayuda a ser nosotros mismos. Algunas religiones afirman lo siguiente: «Dios está aquí, pero no allí, porque eso desafiaría mis valores». Estoy aquí para mirar más allá de las estrechas evaluaciones humanas y ver un orden mayor en el mundo. Si no veo un orden oculto, es hora de volver a mirar hasta que lo vea. Sigo mirando hasta que descubro que está allí.

A veces juzgas algo como terrible y luego, un día, una semana, un año o cinco años después, descubres que en realidad ocultaba algo fantástico. Del mismo modo, algunas cosas te parecen fantásticas, pero un día, una semana, un mes o un año después descubres que ocultaban algo terrible. No eran lo que pensabas. La verdad es que sólo el equilibrio del amor está ahí, y tú no sabías que sólo tenías que aprender y ver más allá de esas valoraciones iniciales. Cuando miras con atención, con la sabiduría de la edad, descubres que no hay nada más que amor; todo lo demás es ilusión. Me encantaría hacer una contribución espiritual compartiendo eso.

Mentalmente, me encantaría aportar metodologías transformadoras que ayuden a la gente a ampliar sus capacidades mentales y despertar su genio. En cuanto a mi vocación, me gustaría aportar métodos al mundo empresarial para ayudar a la gente a motivarse en su trabajo, porque he desarrollado métodos motivadores que lo consiguen.

Socialmente, me gustaría hacer una contribución a quienes tienen influencia global y que mis ideas y herramientas de transformación social se emplearan en todo el mundo. Desde el punto de vista de la familia, me encantaría poder enseñar las leyes que rompen los mitos sobre la dinámica familiar y mostrar a la gente los principios básicos sobre la verdad del amor. Económicamente, me gustaría ser una persona con un patrimonio neto muy elevado e independiente económicamente, que aportara metodologías para ayudar a las personas a alcanzar la riqueza que desean. A nivel físico, me encantaría cumplir mi objetivo de aportar metodologías que mejoren el bienestar en todo el mundo y ayudar a la gente a que sea consciente de que el amor sigue siendo el más importante de los sanadores.

Hago, y me encantaría seguir haciendo, estas contribuciones en las siete áreas; me aporta algo que hacer y me mantiene realizado y activo para toda la vida. ¿Por qué no? Si tienes tiempo de ocio, te estancas. Pero si tienes algo a lo que dedicarte el resto de tu vida, te motivas y te mantienes motivado para sacar más partido a tu existencia.

No hay razón por la que no puedas ser un gran líder y dejar un efecto inmortal, despertando la autoridad que hay dentro de ti, en lugar de aferrarte y depender de autoridades externas. Como he dicho, he dedicado tiempo a estudiar las vidas de los grandes líderes. Cada vez que encuentro algo en sus vidas que coincide con la mía, lo tomo y lo escribo. Si ellos pueden hacer lo que han hecho, yo también puedo. Es una gran afirmación. Si Bill Gates puede ser multimillonario, yo también puedo. Si Albert Einstein puede dejar un legado en física, yo también puedo.

Algunas personas dicen: «Esto es una locura. Esto es poco realista». No cuando realmente le dedicas tiempo. Muchos polímatas dedicados han dejado huella en la historia. Averigua a qué te gustaría dedicar tu vida. Puede ser una cosa o pueden ser muchas, pero descúbrelo y ve a por ello. Y rodéate de gente que tenga esa perspectiva.

¿En qué juego y en qué cancha quieres jugar? Para jugar en ese terreno, sé consciente de que por el camino vas a agradar y a desagradar a la gente, igual que en la dinámica familiar hay un seguidor y también un adversario, hay paz y guerra, y hay cooperación y competencia. Lo mismo ocurre en las empresas y corporaciones.

Si te fijas en los líderes mundiales, te darás cuenta de que millones de personas los condenan y millones de personas los apoyan. ¿Cuán grande estás dispuesto a ser? Eso dependerá de cuánto desafío y apoyo de los demás seas capaz de soportar. Si tienes sólo diez personas que te desafíen antes de derrumbarte, eres un líder pequeño. Si tienes mil millones de personas que te desafíen y aun así puedes seguir manteniendo tu visión, eres un gran líder. Cuanto mayor sea el número de personas que te desafíen, mayor será el número de personas que te apoyen. Mantén tu visión, sabiendo que ha de ser más grande que todos los apoyos y desafíos.

El apoyo puede reforzarnos y el desafío puede enseñarnos humildad y echarnos por tierra. Para mantenernos centrados, necesitamos a ambos sincrónicamente. Un verdadero líder tiene que abrazar a ambos por igual. Si sólo vemos apoyo, nos engrandeceremos. Nos volveremos moralmente superiores, demasiado orgullosos y exultantes con nosotros mismos. Esto nos predispone a atraer desafíos, distracciones e incluso tragedias.

Por otro lado, si hacemos caso a todos los retos y negaciones, nos mortificaremos. Entonces seremos conscientes de que la gente nos apoya e intentará levantarnos.

Tanto el apoyo como el desafío son igualmente necesarios para mantenernos centrados y enfocados. No dejemos que ni los placeres ni las penas, ni el apoyo ni el desafío, ni las subidas ni las bajadas nos alejen de nuestro objetivo. Ambos son mecanismos de feedback que nos ayudan a seguir siendo auténticos a lo largo de nuestro viaje. De lo contrario, serás adicto a uno y evitarás el otro. No mejorarás hasta alcanzar la magnificencia a menos que adoptes ambos de manera simultánea. Si miras atrás en tu vida, verás que algunos de los mayores desafíos fueron los hechos que más te ayudaron a crecer. No huyas de ellos; hónralos y observa cómo te sirven.

No te aferres sólo al apoyo, porque a veces los grupos de apoyo por sí solos te mantienen debilitado: te mantienen atrapado en tu fantasía en lugar de permitirte romper tus ficciones y volver a la realidad práctica.

Un verdadero líder puede asumir todo de ambos lados: el apoyo y el desafío. Acepta a ambos por igual. Siempre que veas uno, busca simultáneamente el otro; te garantizo que lo encontrarás si le prestas toda tu atención. Cuando veas a ambos, estarás preparado, presente y centrado. Te mantendrán auténtico y en tu corazón, centrado en tu verdadero objetivo.

Si nos entusiasmamos con nosotros mismos, tendemos a fijarnos objetivos por encima de nuestras capacidades y en plazos demasiado breves, lo que resulta contraproducente. Entonces nos culpabilizaremos. Nos fijaremos objetivos demasiado pequeños y plazos demasiado largos. Nos sentiremos realizados por un instante, pero es muy probable que sigamos en esta condición vacilante, oscilante y bipolar.

El verdadero maestro de la vida sabe que el apoyo y el desafío son dos caras de la vida que vienen aparejadas. Una persona así abraza esa paradoja, esa complementariedad de opuestos, enfocándose en el centro y en la claridad del objetivo real. No deja que el apoyo o el desafío, los elogios o las reprimendas, las críticas o los elogios interfieran en su vocación motivadora.

Una vez estuve en el Open Británico, caminando junto a Tiger Woods. Tenía un psicólogo a su lado que le daba consejos. Si hacía un buen hoyo y empezaba a mostrarse demasiado eufórico, el psicólogo le decía: «Sí, pero aún nos quedan tantos hoyos». Si Tiger hacía un lanzamiento que caía en el búnker, el psicólogo afirmaba: «Eso significa que tienes que enfrentarte a la presión, que es cuando das lo mejor de ti». El psicólogo le proporcionaba información para que pudiera centrarse en su auténtico yo.

No te atribuyas méritos, no te culpabilices; céntrate en el objetivo principal y ten claro que eres un líder.

Así es como quieres empezar y vivir tu día, abrazando los dos lados de la vida. Eso es plenitud y no media plenitud. Abraza los dos polos de tu imán diario. Ése es el tesoro que se esconde dentro de ti: el magnetismo de la oportunidad.

Tenemos sueños, inspiraciones y sistemas de valores, pero puede que no tengamos las estrategias para alcanzarlos. Puede que hayamos limitado nuestras estrategias. Hemos sido demasiado modestos o demasiado arrogantes. Sentimos frustración. En lugar de pedir ayuda, buscar nuevas ideas o ampliar nuestra mente, a veces escondemos la cabeza y nos mentimos diciendo que nuestros objetivos no son realmente importantes para nosotros. Aceptamos la mediocridad en lugar de permitirnos la grandeza.

—En realidad no quiero un mayor logro. No es lo que realmente me importa —me dicen muchas personas que acuden a mi consulta.

—Bueno, si pudiera enseñarle cómo conseguirlo de forma más eficiente y eficaz, ¿lo aceptaría? —les pregunto.

—¡Claro que sí!

Lo aceptarían en segundos, pero no han descubierto mayores estrategias sobre cómo conseguirlo ni se han dado permiso para ir a por aquello que desean. En cuanto lo hacen, se motivan y nadie tiene que sacarlos de la cama por la mañana.

Hay una diferencia entre motivación e inspiración. La inspiración tiene que ver con algo que está tan arriba en tus valores que ni siquiera piensas en no hacerlo; es lo que amas. La motivación tiene que ver con algo que está más abajo en tus valores; no te inspira, así que alguien de fuera tiene que insistirte.

Los líderes descubren lo que los motiva y se dedican a ello. No dejan que nadie en el mundo se lo impida y siguen aprendiendo nuevas estrategias y nuevos métodos para seguir creciendo a niveles más elevados.

Creo que de forma inherente tenemos esa cualidad en nuestro interior y merecemos dejarla brillar. Descubre lo que llevas dentro y dáselo a la gente. Di lo que quieres a cambio; así serás recompensado por hacer lo que te gusta. Se trata de una de las cosas más motivadoras que jamás encontrarás.

Para mí, lo importante es poder levantarse por la mañana, hacer lo que te gusta, recibir un buen sueldo por hacerlo y permitir que otras personas hagan lo mismo.

En los últimos cincuenta años he dedicado decenas de miles de horas a investigar. He aprendido que, si sales al gran mercado demasiado pronto, antes de completar tu obra, puede que no tengas la oportunidad de completarla. Yo soñaba con terminar ciertas obras antes de salir al mercado. He escrito volúmenes de material en casi todas las -ologías que te puedas imaginar. Durante miles de horas, he explorado casi todos los aspectos de la vida humana: antropología, física, química, psicología, sociología. A menudo me he encontrado con algo que me ha hecho llorar de satisfacción. Un escalofrío recorría mi espalda, mostrándome parte de la matriz, parte del rompecabezas de la vida. Sentía que era una revelación y pensaba: «Estoy deseando compartir esto con alguien». Descubrí que hagas lo que hagas, sea cual sea tu servicio, si no puedes esperar a dárselo a la gente, la gente no puede esperar a recibirlo. Si tu pensamiento dominante más íntimo es el servicio que te encantaría compartir, no te costará atraer clientes. Muchas noches me senté entre lágrimas, pensando: «No puede ser tan sencillo; esto es demasiado profundo; es alucinante».

Cuando tenía momentos de este tipo, al día siguiente sonaban los teléfonos. La gente preguntaba por lo que había descubierto, aunque no lo había anunciado aún. Existe un campo no local de inteligencia en el universo, y aparentemente estamos enredados con todos los demás humanos del planeta. Si nos metemos de verdad dentro de nuestro corazón, aceptamos al líder que hay dentro y entregamos nuestros descubrimientos al servicio, no creo que haya nadie sobre la faz de la Tierra que pueda interferir con ese sueño inmortal.

6

El secreto y poderoso tesoro
de la creación de riqueza,
la independencia financiera
y la contribución filantrópica

La mayoría de las personas desean ser ricas. Casi todas las personas con las que me he cruzado desean ser más ricas de lo que son. Y aunque lo sean, quieren tener más riqueza.

Ahora me gustaría explorar los tesoros de la riqueza, y quiero que prestes mucha atención, porque estoy a punto de compartir algo que probablemente no hayas oído nunca.

¿Qué pasaría si te dijera que ya tienes abundante riqueza en tu vida? Tal vez pienses: «No tengo mucho movimiento en el negocio y tengo deudas que pagar», pero quiero que te fijes bien.

Cada ser humano tiene un conjunto de valores. Lo que esté más arriba en su lista de valores es la forma de riqueza que tienen. Si su valor más importante son sus hijos, su riqueza está en forma de sus hijos. Si su valor más importante es la interacción social y el liderazgo, su riqueza reside en su capacidad para influir en la gente. Si su valor más importante está en la espiritualidad, su riqueza será su comprensión y su influencia espirituales.

En otras palabras, la riqueza nunca falta en tu vida, simplemente está ahí. Pero es probable que pienses: «¿Y qué pasa con el pago de las facturas? Necesito el dinero».

La jerarquía de tus valores dicta tu destino. Si no tienes en gran estima el ahorro en efectivo, el dinero líquido y la inversión en activos reales, tu riqueza se mostrará en las cosas que son más valiosas para ti. Supongamos que lo primero en tu jerarquía de valores son tus hijos, tu salud y tu educación, seguidos de una casa bonita, vacaciones, ropa bonita, muebles bonitos y un buen coche. Ahorrar, acumular efectivo, invertir en activos financieros y tener independencia económica pueden ocupar el número veinte en tu lista de valores. Es probable que te quedes sin dinero antes de terminar el mes, porque gastarás el dinero que ingreses (independientemente de cuánto sea) en cosas que se encuentran más arriba en tu lista de valores que los ahorros y las inversiones. No tendrás dinero para ahorrar o invertir, porque te preocuparás más por gastarlo en aquellas cosas que son más importantes para ti.

No es que te falte riqueza: simplemente no se encuentra en la forma que esperas porque estás demasiado ocupado consiguiendo cosas que valoras más.

El primer tesoro que hay que desvelar es que ya tienes riqueza, y está en forma de tus valores actuales más importantes. Puedes convertir esa forma en dinero en efectivo y otras inversiones financieras con las preguntas que te formules. No digo que vendas a tus hijos, tu casa o tu espiritualidad para conseguir movimiento de caja o riqueza financiera. Sugiero que primero seas consciente de que ya has creado riqueza en tu vida. No careces de la capacidad para hacerlo; sencillamente la has creado en el contexto de tus propios valores: el más importante de tus valores es la forma que ahora mismo está tomando.

Acepta en qué eres rico ahora; acepta en qué ya tienes éxito. Una vez lo hayas hecho, te darás cuenta de que ya tienes la capacidad. Todo lo que vamos a hacer ahora es cambiar la forma. Éste es el primer tesoro que quieres conseguir.

Si crees que alguien tiene más riqueza que tú, puede que no estés viendo la riqueza que ya posees. Puede que tengas una relación sentimental íntima y cercana, y nadie podría pagarte una fortuna para quitarte eso. Ésa es la forma de riqueza que ya tienes.

Vayamos al siguiente paso, el siguiente tesoro, para ayudarte a ser consciente de cómo convertir esa forma de riqueza de nuevo en dinero en caso de que quisieras tener movimiento de caja, ahorros e inversiones. ¿Por qué querrías tener dinero en el bolsillo, ahorros e inversiones? Porque el dinero es un medio de intercambio y te permite más opciones. Es esencial valorar y apreciar el dinero si queremos convertir nuestra forma actual de riqueza en riqueza financiera.

Nuestro siguiente tesoro te enseñará cómo tomar el valor de la riqueza que ya posees y convertirlo en activos y movimiento de efectivo, para que puedas tener abundancia en esa forma y tener más opciones en tu vida. No se trata de renunciar a lo que tienes ahora, sino de diversificarlo, para ampliar tu cartera de oportunidades. No falta nada en tu vida; ya eres muy rico, pero te mereces una abundancia financiera aún mayor.

Según Alfred Marshall en sus Principios de Economía, puedes tomar tu mayor activo o tu forma de riqueza actual y convertirlos en riqueza financiera y dinero en efectivo siempre que sepas formular la pregunta correcta. Si tu valor más importante son tus hijos y ahorrar e invertir dinero se encuentra muy abajo en la lista, en el número diez o incluso más abajo, ¿en qué gastarás tu dinero? En cosas para tus hijos.

¿Qué ocurre si tu valor más importante es ahorrar dinero y crear riqueza financiera y tus hijos se encuentran muy abajo en la lista? Acabarás ahorrando tu dinero y acumulando una gran riqueza, aunque tu pareja y tus hijos tendrán que pasar a un segundo plano.

Cuando ganas dinero, lo gestionas de acuerdo con tu jerarquía de valores. Déjame que ponga un ejemplo. Uno de mis clientes era un hombre de Florida que consiguió generar 6,29 millones de dólares en un año. Al terminar el año, tuvo que pedir prestados 327.000 dólares para pagar sus impuestos. ¿Cómo puede alguien ganar 6,29 millones de dólares y tener que endeudarse para pagar sus impuestos? Los coches de lujo, la ropa, los viajes, el ocio, el arte y otras cosas similares tenían un valor muy importante para él; pagar impuestos y ahorrar dinero tenían un valor poco importante. Poseía todas estas cosas, pero al final del año no tenía dinero.

Tenía una secretaria que ganaba 24.000 dólares al año, pero ahorraba 400 dólares al mes. Al final del año, ella había ahorrado más que él y estaba más cerca de la independencia financiera que él.

La riqueza financiera tiene poco o nada que ver con cuánto dinero ganas. Tiene todo que ver con cómo lo gestionas, y la forma en que lo gestionas tiene todo que ver con tu jerarquía de valores.

Pasemos a ver cómo puedes cambiar tus valores para tener el flujo de dinero que deseas. Supongamos que descubres que ahorrar dinero y crear riqueza ocupan el lugar número diez, quince o veinte de tu lista de valores. Aunque esperabas que estuviera más arriba, tu vida demuestra que está más abajo.

Esto es lo que debes hacer: redacta una lista de cómo el ahorro de dinero y la creación de riqueza podrían cambiar tu vida y ayudar a las personas por las que te preocupas. Escribe no uno ni dos, sino cien o doscientos beneficios para ti y para los que te importan. Si no tienes una razón suficientemente importante para acumular riqueza financiera, no subirá lo bastante en tu lista de valores y seguirás haciendo lo que estás haciendo, esperando resultados diferentes.

Haz esta lista lo más grande que puedas, tal vez incluso involucrando a tu familia en el proyecto. Cuanto más veas los beneficios, más penetrará la idea en tu cerebro y se quedará grabada en tu consciencia. Empiezas a ver y a reaccionar ante las oportunidades para conseguir lo que está más arriba en tu lista de valores, y dejas pasar oportunidades y no reaccionas ante lo que ocupa un lugar más bajo. A menos que la creación de riqueza financiera y el ahorro y la inversión sean valores suficientemente importantes para ti, tu riqueza va a permanecer en la forma en que ya está.

No me refiero a obsesionarse con el dinero o volverse codicioso. Estos comportamientos son para quienes valoran poco la riqueza financiera. Hablo de ahorrarlo e invertirlo de una manera sabia. Si no ahorras e inviertes, estarás trabajando toda tu vida y serás un esclavo. Si ahorras e inviertes, el dinero empezará a trabajar para ti y te convertirás en su dueño.

Algunas personas pseudoespirituales afirman: «No estoy aquí por el dinero, y el dinero no lo es todo». Como consecuencia, se encuentran en la pobreza. Se pasan la vida trabajando por dinero, y ni siquiera se dan cuenta de ello.

No caigas en esa ilusión. No separes espíritu y materia. Sé consciente de que el espíritu sin materia no tiene expresión, y la materia sin espíritu no tiene movimiento. Date cuenta de que quieres valorar el dinero no porque sea algo que acumular, sino porque puedes utilizarlo para marcar la diferencia en el mundo. Puedes usarlo para servir más eficazmente a los demás, trabajar porque te gusta y no porque te obliguen, vivir un estilo de vida cada vez mejor, mostrar lo que es posible, respetar tu propia magnificencia y elevar los estándares para todos los seres humanos.

Determina tu lista de valores en mi página web. A continuación, elige el más importante de todos ellos, ya sean tus hijos, tu vida social o tu vida espiritual, y escribe cómo te ayudarán el ahorro y la inversión de dinero y la creación de riqueza financiera. No sólo estás valorando más la riqueza financiera, sino que la estás vinculando a lo que ahora es importante para ti. Pregúntate lo siguiente: «¿Cómo va a ayudar a mis hijos ahorrar e invertir dinero?», «¿Cómo me ayudará en mi vida espiritual?», «¿Cómo me ayudará a desarrollar mi negocio?», «¿Cómo me ayudará en mi vida social?», «¿Cómo me ayudará filantrópicamente?».

Si vinculas la riqueza financiera a los que ahora son tus valores más importantes, no restarás a tu forma actual de riqueza. Al contrario, la incrementarás, porque la asociarás con estrategias de creación de riqueza financiera y la convertirás en liquidez financiera o en efectivo. Ahora podrás hacer lo que te gusta y tendrás la abundancia para llevarlo a cabo de muchas más maneras.

Según mi experiencia, si te relacionas con personas que tienen diez dólares, obtienes ideas de diez dólares y oportunidades de diez dólares. Si te juntas con gente que tiene mil dólares, obtienes tratos de mil dólares y oportunidades de mil dólares. Si te juntas con millonarios, obtendrás ideas de un millón de dólares y oportunidades de un millón de dólares. Cuanto más ahorres e inviertas, más oportunidades, asociaciones y grandeza entrarán en tu vida.

Anota cien, doscientas o trescientas maneras en las que ahorrar e invertir dinero te ayudarán en tu vida. Vincúlalas con tus valores más importantes preguntándote: «¿Cómo me ayudarán el ahorro y la inversión de dinero en todas las áreas que en estos momentos son importantes para mí?». Pregúntatelo y no dejes de preguntártelo. No pares; dedícale horas, incluso semanas, y te garantizo que verás oportunidades de ganar dinero en las que nunca habías reparado.

He aquí nuestro siguiente principio: si no aprecias la riqueza financiera, no es probable que la adquieras. Quizá tengas riqueza de muchas otras formas, pero si la quieres en forma de dinero en efectivo, ahorros e inversiones, debes valorar y apreciar estas formas de riqueza. Lo mismo ocurre en otros ámbitos. Si no aprecias tus relaciones, empiezan a morir. Si no aprecias a tus clientes, desaparecen. Todo lo que no aprecias se deprecia. Si no aprecias el ahorro, las inversiones y la creación de riqueza financiera, la riqueza financiera no acudirá a ti. El dinero circula de los que menos lo valoran a los que más lo valoran.

He visto a gente cambiar sus sistemas de valores y, en cuestión de meses, han pasado de estar endeudados a pagar sus deudas y empezar a ahorrar y a crear riqueza financiera. Si te gusta tener movimiento de caja y riqueza financiera, eres listo si lo valoras lo suficiente como para ahorrar e invertir con paciencia tu dinero.

Las personas que dicen «No estoy en esto por el dinero» a menudo se mienten. Al fin y al cabo, se pasan toda la vida trabajando por dinero, ¿no? La gente que infravalora el dinero se pasa la vida trabajando para conseguirlo. La gente que lo valora se pasa la vida ahorrando e invirtiéndolo, y entonces lo pone a trabajar. Eres esclavo del dinero si tienes que trabajar por él; eres su amo si haces que trabaje para ti.

La clave está en convertir tu hucha cerdito en tu cuenta bancaria. Empieza con pequeños ahorros e incrementa tus ahorros e inversiones de forma constante. La mayoría de la gente no ahorra porque no valora el ahorro. Piensan: «Cuando tenga una gran cantidad de dinero, ahorraré», pero eso prácticamente no ocurre nunca. Si has estado esperando y esperando, pero todavía no has empezado a ahorrar, es probable que ya sepas de qué estoy hablando.

El dinero fluye de un modo automático hacia quien más lo aprecia y más sabe de él. No estudiarás ni aprenderás sobre cosas que no sean importantes para ti. Si no valoras el dinero, no lo estudiarás. Si no lo estudias, no adquirirás conocimientos ni certeza sobre él. Y quien tiene la mayor certeza gobierna el juego de la construcción de riqueza y el movimiento de efectivo.

Después de repasar y redactar estas listas y ser consciente de que ya tienes riqueza (puede que sólo necesite ser transformada), es hora de encontrar el motivo para el cual la vas a utilizar. Después de todo, si no sabes qué vas a hacer con el dinero, ¿por qué te lo daría la sociedad y el mundo? Piénsalo, no importa si te gustaría tener un millón de dólares, o diez millones, o cien millones, o sólo cien mil dólares. Si no sabes qué vas a hacer con él, ¿por qué tendrías la oportunidad de tenerlo? Las personas que acaban teniendo riqueza financiera son las que saben lo que van a hacer con la riqueza. Valoran el dinero, piensan en él y saben cómo ganarlo, ahorrarlo e invertirlo.

Como todo, lo que no se aprecia se deprecia. Así que puede resultar inteligente que tomes una decisión ahora mismo: «Voy a apreciar mi riqueza y la forma que tiene. También aprecio la nueva forma de riqueza que estoy a punto de crear. Aprecio el valor del dinero, porque permite a la gente intercambiar de forma justa y sostenible una forma de servicio por otra».

Si no tienes ningún dinero ahorrado y consigues tu primer dólar, ese dólar es una adición del cien por cien a tus ahorros. Si tienes 100 dólares ahorrados, el valor de ese próximo dólar es el 1 % de tus ahorros. Si tienes 1000 dólares ahorrados, es el 0,1 %; 10.000 dólares suponen el 0,01 % y 100.000 dólares, el 0,001 %, y si tienes un millón de dólares ahorrados, es sólo el 000,1 %. A medida que ahorras, el valor del siguiente dólar adicional disminuye, por lo que tu motivación para ganar ese dólar extra empieza a disminuir. Por lo tanto, si no tiene un impulso motivador e intrínseco para seguir creciendo en tu riqueza financiera, con el tiempo se estancará. A las personas les pasa muy a menudo; llegan a una zona de confort y se conforman. No crecen porque no tienen un motivo lo bastante grande.

Éste es otro motivo por el que es importante tener una causa, un gran objetivo, en la vida. Si no, te estancarás. Empezarás a acumular desorden que acabará dirigiendo tu vida en lugar de gestionar el dinero porque tienes una gran causa detrás.

Piensa en todas las personas a las que puedes servir en el mundo; piensa en el estilo de vida gradualmente creciente que podrías mostrar, dando permiso a otras personas para hacer lo mismo.

Piensa en lo siguiente. Si te acercas a alguien y le dices: «Me estoy quedando sin dinero; no puedo pagar mis facturas este mes. ¿Puede ayudarme?», no es probable que te ayude. Si le dices «Mis hijos adolescentes están a punto de ir a la universidad y no he ahorrado ni invertido muy bien. Quería saber si tal vez puede ayudarme a pagar la universidad de mis hijos adolescentes», te respondería «Lo siento, pero tengo mis propios hijos adolescentes y mis facturas». Pero piensa en qué pasaría si le dijeras «¿Sabe? Hace unos meses, atropellaron a uno de los niños de nuestro barrio cuando cruzaba la concurrida intersección que conduce al parque. No quiero que mis hijos acaben igual, así que hemos decidido comprar la última parcela de nuestra comunidad y vamos a construir un parque en este lado de la autopista para que los niños del barrio no tengan que cruzar la calle principal.

»No sé usted, pero mi esposa y yo hemos decidido que vamos a poner nuestros 30.000 dólares para comprar esta parcela, y vamos a asegurarnos de que se convierta en un parque. Desconozco si le gustaría participar, ni siquiera sé si tiene hijos, pero si por casualidad los tiene y no quiere que sufran un accidente o incluso mueran al cruzar una calle muy transitada, quisiera saber si le gustaría ayudarnos a construir este parque».

Cuando tienes una causa que es más grande que tú, la gente se suma. Cuanto mayor sea tu causa, mayor será tu potencial de riqueza financiera. Cuanto mayor sea tu visión, más gente querrá sumarse y participar en ella.

A medida que vaya creciendo tu riqueza, tendrás más responsabilidad de hacer algo con ella. Por eso no es sensato despreciar el dinero, porque exige una mayor responsabilidad, un mayor servicio, una mayor visión y un mayor impacto social. Dominar el arte de ahorrar e invertir dinero y construir esta forma de riqueza supone una enorme contribución al mundo.

Tener una causa más grande que nosotros mismos abre la primera llave al gran tesoro. No te infravalores pensando que no puedes hacerlo o que no te lo mereces; empieza afirmando lo siguiente: «Soy un imán multimillonario del dinero; todo lo que toco se convierte en oro. Me merezco la abundancia y la riqueza que afortunadamente me rodea».

Empieza a pensar y a expresarte así. Vive cada día pidiendo con humildad a tu voz interior y a tu visión que te guíen hacia causas y usos cada vez mayores de tu riqueza. Y observa cómo la abundancia fluye en tu vida.

Tengo un amigo que creó una fundación para niños paralíticos. Cuando la creó era un adolescente. Ahora la fundación tiene millones. Millones de dólares pasaron a manos de un adolescente porque tenía una causa, una visión, una inspiración. Se valoró a sí mismo lo suficiente como para manifestar lo que quería hacer. Esto aumentó el potencial de riqueza no sólo para él, sino también para su fundación.

Bill Gates es multimillonario en parte gracias a Microsoft Windows. ¿Por qué es multimillonario? Creó algo que ha tenido un gran impacto y es utilizado por mil millones de personas. ¿Eres consciente de que ha creado algo que vale tanto?

¿Cuál es tu causa? ¿Cuál es tu contribución? ¿Qué servicio exclusivo podrías ofrecer que millones o miles de millones de personas pudieran utilizar? Creo que muy dentro de ti hay algo original que vale esa cantidad, pero tú eres el único responsable de sacarlo de dentro de ti.

Pregúntate: «¿Qué necesita la gente?», «¿Qué talento, servicio o producto tengo yo que pueda satisfacer esa necesidad?». Me pregunto qué pasaría si te hicieras esa pregunta y no pararas hasta dar con una respuesta que valiera mil millones de dólares. Profundiza y explora hasta que encuentres algo que sepas que puedes aportar.

Merecemos compartir nuestros dones o servicios con el mundo y ser recompensados por ello. Pero es igualmente importante pagarnos y recompensarnos con justicia y decirnos a nosotros mismos y a los demás que lo valemos. Con independencia de lo que hayas hecho o dejado de hacer, eres digno del amor. Te mereces recompensas económicas y abundancia.

Algunas personas piensan: «Cuando tenga un ingreso extra, empezaré a ahorrar y a invertir. Ahora mismo, tengo demasiadas facturas». Están valorando primero a todos y a todo lo demás, e infravalorándose a sí mismos. Por eso se pagan ellos los últimos. He observado que los financieramente ricos se pagan primero a sí mismos y a su principal causa.

De hecho, aprendí una gran lección sobre esto. Hace muchos años empecé mi carrera como conferenciante en mi pequeño piso cuando iba a la escuela profesional. Invitaba a que la gente viniera a casa. El primer día dejé un botecito en la estantería con un cartel en el que se leía «Donación de amor».

Di una charla de dos a tres horas. Pensaba que era motivadora. Pensaba que había hecho un gran trabajo, pero al terminar sólo una persona había dejado dinero en el bote: 5 dólares.

Pensé: «Con esto no tengo suficiente; necesitaré mucho más para ganarme la vida y pagarme los estudios». Así que puse una nota en el bote que decía «Donación mínima 5 dólares». A la semana siguiente, me encontré dos o tres billetes de 5 dólares.

«Con esto no va a bastar. No voy a poder pagar mis facturas con esto», pensé. Entonces escribí «Donación mínima de amor de 10 dólares». Conseguí unos cuantos billetes más de 10 dólares, y creo que hice unos 30 dólares. Con esto todavía no iba a cubrir mis gastos, así que me di cuenta de que tenía que presionarlos más. Puse una nota que decía «Donación mínima 20 dólares».

Ocurrió lo mismo. Finalmente, acabé frustrándome y me dije: «Me merezco más que esto». Y escribí: «Entrada mínima 20 dólares». En cuanto lo hice, el 85 % de las personas que vinieron a la charla (unas veinte) pusieron sus 20 dólares. Me quedé atónito. El universo estaba esperando a que yo declarara que valía algo. Era casi como si la gente no supiera cuánto pagar hasta que yo lo manifestara. Todo lo que tenía que hacer era manifestar que era valioso y que tenía algo que decir.

Si sigues esperando a que otros decidan tu valía para la riqueza financiera, vas a esperar toda la eternidad, porque nadie se va a levantar por la mañana para ayudarte a alcanzar tu magnificencia financiera. Depende de ti. Es hora de que reconozcas tu magnificencia y tu riqueza y exclames que lo vales. La mejor manera de hacerlo es pagándote tú primero.

Éste fue uno de los mayores cambios en mi vida financiera. Cuando lo aprendí, empecé a pedir lo que me parecía un intercambio justo y a ahorrar una parte. Me obligué a hacer un ahorro automático forzado, porque me di cuenta de que mis emociones se interponían en el camino del ahorro. Decía que quería ahorrar determinada cantidad, pero empezaba a pensar «Quizá no pueda conseguirlo» y titubeaba. Fui a una compañía de intermediación financiera y les pedí que de manera automática sacaran los ahorros de mi cuenta de empresa. Después de esto no eché de menos el dinero; de un modo u otro, entraba lo suficiente para cubrir mis gastos. En cuanto empecé a ahorrar, mi destino financiero cambió. Parecía que cuanto más ahorraba y acababa invirtiendo, más dinero llegaba.

No puedo insistir lo suficiente en la importancia de hacerlo. Ve a un banco o a una agencia de corretaje y contrata un plan de ahorro forzoso y luego uno de inversión para que no tengas que volver a pensar en ello. No tengas dudas; no titubees. El dinero se consigue con estrategias, no con emociones; con acciones, no con vacilaciones. Lo único que tienes que hacer es ahorrar y, con el tiempo, invertir; no hay ningún riesgo real en ello. Lo peor que puede ocurrir es que de vez en cuando sientas la tentación de pagar tus facturas con el dinero que ahorras. Pero no caigas en esa tentación. Ahorra de todas formas y busca la manera de prestar más servicios y ser más creativo para conseguir más ingresos. Encuentra el modo. Da el máximo de ti mismo por la gente y verás qué pasa. Cuando empiezas a administrar el dinero con inteligencia, tienes más dinero que administrar. Una de las mejores cosas que puedes hacer es poner dinero primero en tus ahorros y luego en tus inversiones.

Lo segundo es pagar tus impuestos. Pon dinero para mantener tu estilo de vida en tercer lugar y paga las facturas de tu negocio en último lugar (si es que tienes un negocio). Págalas todas según la prioridad. Cuando el dinero se gestiona por prioridades, entra más dinero. Cuando el dinero se gestiona con inteligencia, aparece más. Quien tiene más certidumbre –y se tiene certidumbre cuando se fuerza el ahorro y las inversiones– se lleva el flujo de dinero.

Prioriza todos tus gastos, porque las personas que priorizan sus facturas gestionan su dinero de forma más inteligente que las que no lo hacen. Por priorizar, me refiero a ordenar tus facturas y pagarlas empezando por las que te penalizan más y acabando por las que te penalizan menos.

Cuando intentes ahorrar, recuerda que, si no empiezas con el proceso de ahorro incremental y te quedas esperando el «gran golpe», éste no necesariamente se va a producir. Empieza con pequeñas cantidades y ve aumentando poco a poco en lugar de esperar un cambio radical.

Cuando empecé a ahorrar hace años, una muchacha que trabajaba en mi oficina me dio una patada en el culo. Desapareció un fin de semana, se casó, volvió, me reclamó su sueldo y se mudó a otra ciudad. Era una chica que sólo había trabajado unas semanas para mí. Desapareció durante el fin de semana, volvió, quiso su última paga por adelantado y presentó la renuncia… y allí estaba yo, pagándome el último. Esto pasó cuando acababa de empezar mi negocio; allí estaba haciéndome el altruista, mintiéndome a mí mismo, yendo con segundas intenciones e intentándome convencer, diciéndome: «No estoy metido en esto por el dinero». Me sentía frustrado, ya que tenía muchas responsabilidades y deudas acumuladas. Finalmente me dije: «Maldita sea, así no es como quiero trabajar aquí». Empecé a pagarme a mí primero. Ése fue el día en que comenzó la construcción de mi riqueza financiera.

Entré en la página web de una agencia de bolsa y contraté sus servicios. No sabía si podía permitírmelo, pero lo hice. Empecé con 10 dólares al día: 50 dólares a la semana, 200 dólares al mes. Es probable que estés pensando que no es mucho para un doctor como yo, pero para mí era una exageración. Tenía miedo de hacerlo, porque tenía deudas, tenía facturas pendientes y tenía excusas de por qué no podía pagar. Pero cuando puse en marcha un sistema de ahorro automático, no eché de menos el dinero a final de mes. De alguna manera, entraba un poco más para cubrirlo.

Unos meses después, aumenté el ahorro a 300 dólares. Pasaron unos cuantos meses y me di cuenta de que no echaba de menos ese dinero. No estaba interfiriendo en mi estilo de vida: seguía haciendo todo lo que planeaba hacer y además había conseguido unos cuantos pacientes adicionales. Entonces decidí aumentar el ahorro a 500 dólares, posteriormente a 700 dólares, a los pocos meses a 900 dólares y acabé superando la barrera de los 1000 dólares. En llegados a ese punto, empecé a ver nuevas posibilidades. Vi que después de cincuenta años podría tener independencia financiera. Entonces aumenté el ahorro a 1100 dólares al mes, tres meses después a 1210 dólares al mes, y otros tres meses después a 1344 dólares al mes. Y seguí aumentándolo.

Al terminar el año, me di cuenta de que no había estado ahorrando para pagar los impuestos. Me enfadé, porque tenía que sacar dinero de mi cuenta de ahorros y dárselo al gobierno. Eso no me gustaba.

Me volví más inteligente. Dije: «Vale, primero voy yo; primero me pagaré a mí mismo. Después pagaré mis impuestos». Hice que esa cantidad también me la descontaran automáticamente. Empecé a pagarme a mí primero y después mis impuestos.

Al terminar ese año, tenía el pago de todos mis impuestos al día, mis ahorros en orden y aumentando, mi negocio iba viento en popa para resarcirme y por fin veía la luz al final del túnel. Estaba ahorrando casi 1500 dólares al mes. Pensé: «Un momento. Esto empieza a ponerse en marcha». Así que decidí que cada vez que me sintiera cómodo, ahorraría más, porque parecía que el sistema estaba funcionando.

Así pues, me acostumbré a aumentar mis ahorros un 10 % cada tres meses. Si había estado ahorrando 1000 dólares durante tres meses, los subía a 1100 dólares. Tres meses después, otro 10 %: 1210 dólares. Seguí subiendo un 10 % cada trimestre. Cuando lo hacía, me llegaban más negocios y más oportunidades, y más gente quería invitarme a comer y a cenar.

Es interesante. Cuando has ahorrado cien dólares, tienes oportunidades de cien dólares; cuando has ahorrado mil dólares, tienes oportunidades de mil dólares; cuando has ahorrado un millón de dólares, tienes oportunidades de un millón de dólares. ¿Estarías de acuerdo en que Bill Gates tiene oportunidades de mil millones de dólares todos los días?

Cada vez que ahorras y luego inviertes, consigues los beneficios de hacerlo, como el interés compuesto. Pero, además, surgen nuevas ideas, nuevas asociaciones, nuevas oportunidades. Compuesto geométrico que abre la puerta a una mayor riqueza financiera. Así pues, empecé mi cuenta de inmortalidad, porque mi objetivo era que mi dinero ganara más dinero del que ganaba trabajando; quería tener unos ingresos pasivos superiores a mis ingresos activos. De ese modo, no trabajaría sólo porque tuviera que hacerlo, sino también porque me gustaba trabajar.

Al principio fue lento. Hacía una proyección cada trimestre. Me detenía y me preguntaba: «Vale, ¿cuánto tengo ahorrado?». Hacía proyecciones para los siguientes cinco, diez, quince, treinta años para ver dónde estaría si seguía a ese ritmo. Si lo comparaba con mi estilo de vida, podía predecir más o menos cuándo alcanzaría la independencia financiera.

Aprendí otro principio. Introduje un mecanismo de control: cada vez que quería mejorar mi estilo de vida, tenía que incrementar en la misma proporción mis ahorros y el dinero que dedicaba a pagar los impuestos. Si no estaba dispuesto a hacerlo, no estaba preparado para mejorar mi estilo de vida. Antes, aumentaba mi estilo de vida sin aumentar mis ahorros ni mis inversiones, por lo que me sentía agobiado por mi estilo de vida. Así que me dije: «Vale, si voy a mejorar mi estilo de vida en mil dólares, voy a poner mil dólares más en ahorros o inversiones, y mil dólares más para pagar impuestos».

A continuación, elaboro un presupuesto para mi estilo de vida: éste es mi estilo de vida, esto es lo que cuesta al mes y vivo con este presupuesto. Si lo incremento, también incremento la cantidad de dinero que dedico a ahorros, a inversiones y a impuestos. Si actúo así, conseguiré que entre más dinero. No puedo explicarlo, pero funciona. Si haces esto, acabas incrementando sorprendentemente tus ingresos.

Si trabajas con unos ingresos fijos, no necesitarás hacerlo en tan sólo unos pocos años, porque a medida que empiezas a ahorrar y a invertir dinero, empiezas a sentirte más emprendedor, a tener oportunidades e ideas y a entablar contacto con gente que piensa en términos empresariales. Tienes más coraje para salir y hacer tus propias cosas, y pronto tienes tu propio negocio. O consigues ascensos y oportunidades para ganar más dinero, porque tu mente creativa piensa en esa dirección.

Cuando ahorres e inviertas, haz proyecciones. Imagina dónde estarás dentro de un año si ahorras e inviertes esa cantidad de forma constante una vez al mes. Luego imagínate dónde estarás dentro de unos años o décadas. Eso te proporcionará un incentivo para esforzarte más. Cuando ves crecer tu dinero, te motiva tu potencial financiero y quieres asegurarte de que nada interfiere en su crecimiento.

Cuando compraste tu primera casa o tu primer coche, es muy probable que te cuestionaras si podías permitírmelo. Al cabo de unos tres meses de firmar la hipoteca, fuiste consciente de que podías. Funcionó. Pudiste permitírtelo. Luego volviste a sentirte cómodo. Te conformaste, seguiste ganando lo mismo y tus ingresos dejaron de crecer.

¿Qué pasaría si, en lugar de quedarte en esa zona de confort, te esforzaras un poco más y cada tres meses incrementaras tus ahorros e inversiones al menos un 1%, si no un 10%? Supongamos que ahorras 100 dólares al mes. Al cabo de tres meses, lo aumentas a 110 dólares, y así sucesivamente. La gente puede aceptar cambios del 10% sin demasiada emoción. Así que, si estás ahorrando 100 dólares y pasas a ahorrar 110 dólares, no es una exageración, pero ahorras más. Si sólo añades un poco más cada trimestre, cuando te sientas cómodo, y una vez que te hayas acostumbrado al proceso del ahorro, estarás esperando ese incremento.

Una vez que empiezas a forzar la aceleración de tus ahorros y tus inversiones, comienza el control del dinero. Estás estableciendo una estrategia que construye grandes fortunas. Verás la magia de cómo tus propósitos y tus creaciones pueden cambiar el universo que te rodea.

El verdadero tesoro secreto está dentro, pero quizás no hayas aplicado los principios que lo hacen aflorar. Utiliza una técnica de ahorro e inversión acelerada y forzada. Entonces la magia que ocurrió en mi vida para llevarme adonde me encuentro sucederá hoy en tu caso. Te mereces una enorme fortuna.

Si tienes una causa y sabes lo que vas a hacer con ella, puedes destinar algunos ahorros e inversiones a esa causa. Pero asegúrate de que tú mismo estás en ella; asegúrate de que realmente formas parte de esa causa. Si es así, vivirás una vida increíble y podrás hacer grandes contribuciones a este planeta.

Te garantizo que si inicias este proceso, con el tiempo dejarás de tener ingresos fijos. Dentro de dos o tres años vas a encontrarte en una posición diferente. Te vas a permitir dirigir tu propia empresa o conseguir más ascensos y tener ingresos pasivos compuestos. Para entonces habrás aprendido que cuanto más valor y servicio ofrezcas, más te mereces. Serás consciente de que no existen los ingresos fijos a menos que tengas un sistema de creencias fijo. Así que acelera los ahorros y las inversiones, y verás cómo empieza la magia.

Construye un buen colchón financiero, al menos de tres a seis meses de capital. Estabilizarás tu negocio y también tu personalidad, porque una reserva de dinero estabiliza las emociones. Cuando no tienes dinero de reserva, es más probable que seas muy inestable. En cambio, cuando tienes una gran capitalización, eres estable y tomas decisiones acertadas.

Cuanto más dinero tengas, más gente querrá darte dinero. La gente se te acercará y te preguntará: «¿Puedo pagarte para que pases un rato conmigo? ¿Puedo invitarte a comer?». Por supuesto. Cada vez que alguien te pague la comida, calcula cuánto cuesta, retira esa cantidad y ahórrala, porque si pensabas pagar tú tu comida, crees que te lo puedes permitir. Pon esa cantidad en ahorros o inversiones, observa qué ocurre y verás cómo más gente te invita a comer. Cuanto más rico seas, más comidas gratis tendrás. Es un programa de ahorro en sí mismo.

Asegúrate de crear colchones financieros para tu riqueza. Ahorra, consigue un colchón estabilizador y sigue haciendo inversiones conservadoras antes de pasar a otras más arriesgadas. No especules con tu dinero antes de haberlo invertido; no inviertas hasta que tengas cierta base de ahorro. Conserva tu capital antes de asumir riesgos. No hace falta correr grandes riesgos con el dinero para acumular riqueza financiera. Crear riqueza tiene su ciencia. El ahorro es el componente inicial más importante.

7

El secreto y poderoso tesoro de un objetivo motivador, la presencia, la ecuanimidad y la conciencia iluminada

Estamos a punto de abrir el siguiente tesoro secreto: tu objetivo motivador o espiritual. Seas consciente de ello o no, probablemente toda tu vida has estado implicado en una búsqueda espiritual. En todos los ámbitos, hay una llamada a la inmortalidad. Podemos desear tener una vida después de la vida, o al menos que nuestra mente y nuestras ideas dejen algún efecto a través de la historia. Tenemos el deseo de evitar que nuestra carrera o nuestro negocio muera antes que nosotros, o de transmitírselo a herederos o compradores. Queremos que perdure más allá de nuestra vida. Queremos tener más dinero al final de nuestra vida que vida al final de nuestro dinero. Deseamos que nuestras relaciones y nuestra familia vivan más allá de nuestra vida, y queremos ser conocidos y recordados socialmente por nuestra contribución única y duradera. También nos gustaría tener la fuente de la eterna juventud y vivir inmortalmente como un cuerpo vital y motivado.

Existe un anhelo dentro de todos nosotros de algo más allá de nuestra vida cotidiana, de algún componente inmortal. Tenemos una búsqueda espiritual dentro de nosotros, seamos o no conscientes de ello.

Nuestra espiritualidad también se ve influida por nuestra jerarquía de valores: cada uno ve su espiritualidad según sus valores más importantes. En otras palabras, si tu valor más importante es tu familia y tus hijos, verás tu búsqueda espiritual como criar una familia magnífica, como Rose Kennedy. Una persona que dirige un negocio puede ver su objetivo espiritual como dirigir grandes compañías y prestar un servicio de excelencia. Como ya hemos visto, Michael Jordan vio su propósito como ser una gran figura deportiva.

No queremos ceñirnos al pensamiento de que nuestra espiritualidad consiste sólo en ir a la iglesia, a una sinagoga, a una mezquita o a un templo, o en meditar, cantar o rezar, porque entonces estaremos limitando la espiritualidad a una cajita.

Me encantaría que exploraras la posibilidad de que tu vida espiritual sea tan espléndida como la de cualquier otra persona. La mía puede ser viajar por el mundo y poner el pie en todos los países como profesor, sanador y filósofo. Siento que ésa es mi contribución espiritual especial. Signifique lo que signifique para ti, no pasa nada: es tu espiritualidad. No la encasilles ni juzgues a otra persona por la suya, porque va a expresar su espiritualidad según sus valores más importantes. No es ni más ni menos espiritual que tú.

Muchos conflictos mundiales están provocados por las cajas en las que nos encerramos a nosotros mismos y encerramos a los demás, pensando que nuestra forma de espiritualidad es mayor o menor que la suya. Esto enemista en lugar de integrar. Nos impide querer y nos involucra en el mecanismo de «Yo tengo razón y tú estás equivocado» y «Yo soy mejor y tú eres peor». Crea exclusividad en lugar de inclusividad.

Sé consciente de que cada ser humano expresa su espiritualidad de acuerdo con sus valores más importantes. Si el valor más importante de una persona es la creación de riqueza, ¿quién puede decir que ésa no es su búsqueda espiritual? ¿Quién puede decir que no va a hacer una contribución grande y motivadora? Un día estaba sentado en el antiguo hotel Mayfair de la ciudad de Nueva York junto a un multimillonario que dedicaba sus energías a financiar la Fundación Tibetana y a apoyar la misión del dalái lama. Más tarde, ese mismo día, alguien se dirigió a mí: «No creo en el materialismo ni en todo eso de acumular riqueza. No creo que eso sea espiritual; es lo contrario de espiritual».

Sin embargo, la mayor parte del dinero del multimillonario estaba dedicado a lo que él percibía como una búsqueda espiritual: su objetivo espiritual era para toda una cultura. A veces no podemos ver que la espiritualidad no tiene fronteras. Es una expresión de lo que más motiva a la gente.

Tal vez si escarbáramos más profundamente en nuestros propios tesoros secretos dentro de nuestros corazones, donde reside el amor, podríamos darnos cuenta de que todo es digno de amor. No importa lo que hayas hecho o dejado de hacer, eres digno de amor. Creo que ésa es la clave de la espiritualidad: estar agradecidos por nuestras vidas y por las de los demás, y querernos a nosotros mismos y a los demás por la propia jerarquía de valores y la naturaleza única.

Cuando estudiaba moral y ética aprendí algo fascinante: en algún lugar del mundo está tu opuesto. Cualquier cosa que defiendas, sea lo que sea, habrá otra persona que la rechazará. Ambos crecéis con ello. Así que no encasilles tu espiritualidad con absolutos rígidos. El paraíso de una persona puede ser el infierno de otra. Acepta la forma de espiritualidad de los demás y sé consciente de que tienen su propio conjunto de valores y su propia búsqueda espiritual. Esto impulsa tu búsqueda espiritual, porque alguien tiene que jugar su papel para que tú puedas jugar el tuyo. Todo el mundo tiene espiritualidad en su interior, en su forma y expresión únicas. Aceptémosla, abracémosla y aprendamos de ella.

Una vez me encontraba en El Salvador y vi a un grupo de gente que se dirigía a un funeral. Estaban festejando y vitoreando. Vestían de blanco y azul y otros colores. Celebraban el paso de un cuerpo mortal a un dominio espiritual.

«¡Vaya! ¡Qué manera tan distinta de concebir el paso en comparación con otra cultura, que puede ver la muerte como una fatalidad!», pensé para mis adentros.

Quiero aprender de todas las formas diferentes de creencias, porque eso me expande en lugar de contraerme. La verdadera espiritualidad es más inclusiva que excluyente y tiende hacia lo infinito, no hacia lo finito.

Démonos cuenta de que nuestra espiritualidad es tan grande como la de los demás, pero aceptemos también tanto la suya como la nuestra. Veamos la espiritualidad que impregna el mundo y dejemos que exprese su gran tesoro como un gran amor. El amor es la elegante y hermosa síntesis y sincronicidad de todos los opuestos complementarios.

Durante muchas décadas he tenido el deseo no sólo de vivir, sino de comprender la salud, el bienestar y el potencial humano. Ésa ha sido mi vida. Tengo un libro de objetivos que me acompaña allá donde voy. Lo actualizo en mi ordenador todos los días. Contiene la declaración de mi misión y mis sueños y objetivos a largo plazo. Actualmente tiene treinta y tres volúmenes en total. Contiene todas y cada una de las metas, además de los objetivos, que me gustaría crear en mi vida: espiritual, mental, profesional, económica, social y físicamente. He dedicado más tiempo a este libro de objetivos que a cualquier otra cosa en mi vida, porque he descubierto que una vez que mi mente está despejada y mi corazón está en la claridad de mi mente, ocurren sincronicidades mágicas: el mundo me abre puertas. Si mi mente no está despejada, me veo obligado a trabajar cada vez más para alcanzar mis objetivos.

Dedico una o dos horas, o incluso medio día, a cada fragmento de este libro, leyéndolo y releyéndolo hasta que me salta una lágrima orientadora y confirmadora de autenticidad y gratitud. Las únicas entradas que tienen cabida en este libro son cosas que me motivan. No quiero nada que no me motive, porque quiero vivir una vida motivadora. Este libro contiene lo que deseo conseguir mientras esté vivo y después de mi muerte durante los próximos mil años. Llevo un registro de todas las metas y objetivos que me he propuesto y que he conseguido, de todas las cosas que no esperaba y de todas las bendiciones que llegan a mi vida. Ésta es mi vida. Esto es lo que hago. Todo tiene fecha.

Semanas, meses o años después del momento en el que escribo estas cosas empiezan a manifestarse. No podrás convencerme de que escribir tus sueños no es poderoso. Puedes verlo en mi libro de objetivos; está ahí, está vivo. He descubierto que funciona, y te animo a que hagas lo mismo. Define cómo te gustaría que fuera tu vida, espiritual, mentalmente... en cada área. Las puertas se nos abren para lo que escribimos como nuestro camino espiritual.

¿Cuál es tu objetivo motivador o espiritual? ¿Cuál es tu servicio al mundo? ¿Qué pretendes aportar? ¿Cuál es tu intención espiritual oculta? ¿Qué quieres de retorno a cambio?

Durante treinta y tres años, casi todos los fines de semana he presentado un programa de seminarios llamado Breakthrough Experience. La gente me pregunta por qué sigo haciendo este programa, porque no es en grupos grandes. Son grupos de taller de tamaño moderado.

Me encanta sentarme delante de personas que están abriendo sus corazones, comunicando su amor y dando las gracias a alguna otra persona, o en algunos casos a sí mismas, por acciones que antes juzgaban y por las que se sentían ofendidas. Tengo la oportunidad de sentarme con lágrimas en los ojos al igual que los demás y estar ante un grupo de personas en momentos de autenticidad. Tengo la oportunidad de compartir con personas auténticas en un momento en el que no son arrogantes ni se sienten humilladas; son modestas ante el orden oculto que antes no veían y expresan certeza en un momento de gracia. Creo que es un regalo poder vivir día tras día viendo a la gente ser auténtica, abrirse camino y descubrir su magnificencia y la de los demás. Ésta es mi recompensa espiritual. No sólo obtengo recompensas económicas, sino también la satisfacción espiritual de ver a las personas ser auténticas, viendo posibilidades para sí mismas y rompiendo con las limitaciones y los juicios. Cuando has estado a punto de morir (como yo) y luego tienes la oportunidad de aprender y desarrollar nuevos métodos motivadores para la transformación humana, sientes que te han dado un testigo que puede despertar y motivar a otros. Cuando tienes un claro impulso interno para cumplir esta misión, sólo quieres ponerte en marcha y servir.

Cuando has descubierto esto y acumulas conocimientos y perfeccionamientos sobre cómo cumplir esta misión de un modo aún más eficaz a medida que vas progresando, entonces sólo quieres ayudar a la gente de una manera aún más reproducible. ¿Cómo no hacerlo?

Semana tras semana, he visto a personas abrir sus corazones y querer a quienes no habían sido capaces de querer, incluidas ellas mismas, a veces durante días, semanas, meses o años, y superar sus miedos y sus sentimientos de culpa. También he visto cómo se miraban al espejo y se daban a sí mismas las gracias.

La gente me dice «¿Por qué no te jubilas?». Al diablo con la jubilación. La jubilación es para la gente que no ha encontrado su misión. Mis héroes son personas como la anciana de noventa y cuatro años que escaló el monte Kilimanjaro: personas entregadas y motivadas que encuentran sus sueños. Salen y no dejan que nadie en la faz de la Tierra se lo impida. Ésas son las personas con las que me gusta relacionarme. Encuentra esa misión espiritual; halla aquello que realmente te motiva.

Habrás oído hablar de la meditación consciente o de la oración de agradecimiento como método de expresión espiritual. Me gustaría profundizar en ello, porque creo que, en el fondo, todos tenemos la oportunidad de la comunión interior.

A lo largo de nuestra vida constantemente estamos rodeados de opiniones. Casi todas las personas que conocemos tienen alguna opinión que transmitirnos y proyectan sus valores en nosotros. Eso está muy bien: podemos aprender de todos los que tienen un pensamiento diferente. Pero a veces conviene mirar hacia dentro y escuchar nuestra propia voz interior y ver nuestra propia visión interior. Se ha demostrado que cuando nuestra mente está en estado de equilibrio y vemos el orden a nuestro alrededor, sentimos gratitud. La gratitud es la llave que abre la puerta del corazón y permite que salga el amor eternamente presente. Cuando nuestro corazón está abierto con gratitud y amor, nuestra mente se vuelve nítida y motivadora. Entonces nos llega una visión, una voz interior, un mensaje interior, y nuestro cuerpo se entusiasma y se prepara para actuar siguiendo la visión y esos mensajes.

Cada día, tal vez al levantarnos por la mañana, es sensato detenerse antes de salir de la cama y pensar en todo aquello por lo que estamos agradecidos. Ser agradecido no requiere ningún esfuerzo, pero sí reflexionar para ver conscientemente las cosas por las que puedes estar agradecido. Te garantizo que cada día de tu vida hay algo por lo que estar agradecido. Detente, reflexiona, mira, presta atención, identifícalo y piensa en ello. Actuando así, empezarás a sentir que te brota algo dentro y comenzarás a apreciar tu vida y a las personas que forman parte de ella. Cuando lo hagas, cierra los ojos y túmbate (o, si lo prefieres, siéntate) en silencio.

Ahora que estás agradecido, mira hacia tu interior e imagínate que hablas con tu yo interior más auténtico: «Muy bien, yo interior, ¿qué visión tienes que revelarme hoy? ¿Qué mensaje tienes para mí? ¿Qué consejo tienes?». No sabes lo poderoso que es hacer esto.

En un estado de verdadera gratitud, de repente se revela la voz interior y se aclara la visión interior. Esto realmente puede motivarte. Para mí, es una comunión interior. Se podría decir que la meditación es como escuchar esta voz interior y ver esta visión interior. La oración, por así decirlo, es como hablar con ella. Mantienes un diálogo interior con tu ser más íntimo. Esto te guiará, porque en este estado de gratitud tendrás percepciones creativas y entonces emprenderás acciones espléndidas. Algunas de las mejores músicas, poesías, obras de arte e ideas han surgido así. Incluso grandes ideas de negocio. Hazlo a diario, antes de levantarte de la cama. Ten una libreta junto a la cama para anotar tus ideas o prioridades. Te animo a que lo hagas todos los días. También te sugiero que lo hagas justo después de comer. Después de una buena comida, siéntate, reflexiona y haz el mismo ejercicio. Y tal vez quieras hacer lo mismo antes de acostarte.

Si practicas ser agradecido, vivirás más cosas por las que estar agradecido. No puedes plantar flores en el jardín de tu mente sin que crezcan más flores. Cuanto más busquemos cosas por las que estar agradecidos, más cosas recibiremos por las que estar agradecidos.

Para mí, la gratitud es la llave que abre la búsqueda espiritual. Cuando la voz y la visión internas se vuelven más fuertes que todas las opiniones externas, has empezado a dominar tu vida. Aquí es donde nacen los líderes, los pensadores originales y los genios. Ésta es la verdadera espiritualidad: la comunicación con la visión y el mensaje internos. Hazlo a diario.

Muchas de las tradiciones espirituales del mundo y los dichos de sabiduría eterna nacieron de personas que dedicaron tiempo a hacer esto. A veces nos subordinamos a otras personas, en apariencia más conscientes desde el punto de vista espiritual, en lugar de seguir sus pasos y confiar en nuestra visión y voz internas. No se trata de voces locas disociadas de angustia e inestabilidad. Ésta es la voz motivadora, la visión motivadora, con la que guiar tu vida. La he utilizado durante muchos años y me ha permitido hacer cosas que nunca habría podido hacer sin ella.

En 1901, un psiquiatra canadiense llamado Richard Maurice Bucke publicó un gran libro titulado Consciencia cósmica. Estudió a cuarenta y tres de las personas más iluminadas de la historia y descubrió que lo que tenían en común era precisamente este hecho: entrar en un estado de gratitud, ir a su interior, guardar silencio, dialogar con su yo interior y utilizarlo para guiar sus vidas.

Esto es despertar tu espiritualidad en otro nivel. Es cavar en lo más profundo que puedas los tesoros secretos que tienes en tu interior. Te confiere un brillo resplandeciente. Cuando la gente te ve, se asombra, porque hay algo diferente, algo especial en ti. Hazlo cada día. Observa qué pasa. Tu vida nunca volverá a ser la misma.

Hay un orden oculto en tu vida. Si no lo has buscado, te invito a que me acompañes, porque puedo enseñarte a verlo. En el momento en el que lo hagas, te garantizo que tu vida ya no será la misma.

Ofrezco un curso llamado Synchronicity. En él te pido la edad, sea la que sea, y la divido en cuartos: un cuarto por cada medio día.

Digamos que tienes cuarenta y ocho años. El primer día, revisas todo lo que recuerdas de los primeros veinticuatro años de tu vida. En esos años, revisando momento tras momento, te haces realmente presente y ves si hay algún momento en el que alguien haya sido amable contigo sin que nadie haya sido malo, o en el que alguien haya sido malo contigo sin que nadie haya sido amable. Mira si hubo algún elogio sin reprimenda, algún rechazo sin aceptación, alguien tomando algo sin dar algo. Tu trabajo es llegar a ser tan plenamente consciente y presente que tu mente inconsciente sea capaz de revelar de manera intuitiva los lados iguales y opuestos, lo positivo y lo negativo, en cualquier momento de percepción. Si haces un listado de todos los momentos que has percibido como unilaterales, si te haces presente, puedes encontrar el lado igual y el opuesto. Cuando las personas lo hacen, se echan a llorar, porque descubren que no han tenido ningún acontecimiento unilateral. Sólo creían que lo habían tenido. Las percepciones están hechas de contrastes y cada recuerdo tiene simultáneamente un anti-recuerdo para equilibrar la electrónica del cerebro.

Cuando eres consciente de esto, entiendes que el miedo al futuro es una ilusión. El miedo es una suposición de que en el futuro vas a experimentar más dolor que placer, más pérdidas que ganancias, más cosas negativas que positivas. Sin embargo, no tienes ninguna prueba real de tu infancia de que eso haya sido así alguna vez. No, porque el mundo que hay dentro de ti y a tu alrededor mantiene el equilibrio. Cuando comprendes esa verdad, el miedo y las fantasías se disuelven.

La culpa es una suposición de que has provocado más pérdida que ganancia, más negatividad que positividad, más dolor que placer, a alguien o a ti mismo. Pero, una vez más, si te haces realmente presente y por completo consciente del momento, te das cuenta de que cuando has sido malo, otra persona ha sido amable, y cuando has sido amable, otra persona ha sido mala. Hay un equilibrio, una reacción igual y opuesta. Cuando lo entiendes, sabes que no hay motivo para menospreciarte o culparte. Te das cuenta de que «independientemente de lo que haya hecho o dejado de hacer, me merezco el amor, y lo mismo ocurre con los demás». Te das cuenta de que hay una matriz de amor en el planeta, aunque rara vez dedicamos tiempo a buscarla. Yo me dedico a ayudar a la gente a buscarla, porque te garantizo, con una certeza motivadora, que está ahí.

La gente me dice «Yo sólo quiero ser feliz», pero la felicidad es una máscara que oculta el amor verdadero que hay en tu corazón. La felicidad es una adicción que para compensar engendra tristeza. El amor verdadero es un estado profundo, iluminado, fundamentado. No es una excitación pasajera; es estable. Es poderoso, es transparente, es lúcido y transforma vidas. Cuando mi madre me amaba, ella no estaba ni feliz ni triste. Me quería. Era amor. No creo que haya nada más grandioso que el amor de una madre cuando lo comparte con esa profundidad.

Creo que existe un campo cuántico de amor en el mundo. Como el campo electromagnético de la luz (y como todas las cosas), tiene dos lados. Si no dedicamos el tiempo necesario a buscar esos dos lados, proyectaremos nuestros valores en él, y lo veremos dándonos apoyo o desafiándonos; no lo veremos amándonos. Intentamos separarlos, aunque en realidad son inseparables. Son separables para nuestras mentes, pero inseparables para los corazones que saben. Tenemos que mirar más allá de nuestra mente emocional polarizada, dentro de nuestro corazón, para ver esta gran verdad. Cuando lo hacemos, somos ecuánimes, y automáticamente sentimos gratitud. No tenemos que cambiar nada.

Como hemos dicho, la gratitud es la llave que abre la puerta del corazón. Cuando el corazón se abre automáticamente, el amor está ahí, esperando salir. En el fondo, cada niño ama a su padre; cada padre ama a su hijo y está esperando el día en que por fin pueda expresarlo.

El remordimiento, el duelo o la pena por una muerte se deben al enamoramiento de la persona amada. Cuando la amas de verdad, no sientes su pérdida. Está presente contigo, sientes su presencia y sientes amor por ella. Puedes estar deambulando de día o de noche y acceder a ella. Cuando tu corazón está abierto, nacen los milagros del amor; se despierta la magia. (Por supuesto, en realidad un milagro es una ley natural puesta en marcha; sólo lo llaman milagro las personas que no entienden las leyes).

La gratitud despeja y libera el sistema de recepción y emisión de la mente. En consecuencia, el cuerpo se entusiasma y te haces presente. Cuando tienes los cuatro pilares cardinales del autodominio (la gratitud, el amor del corazón, la certeza y la presencia de la mente), no creo que haya nada en este planeta que no pueda ser convocado a tu vida. Estamos aquí como creadores intencionales, para crear materia y añadir energía a las formas manifiestas. Quien tiene más es capaz de manifestar de manera más eficaz las formas; quien tiene más autoestima manifiesta más directamente.

Tenemos acceso a estos poderes creativos. Ésta es nuestra búsqueda espiritual: cocrear en el mundo, transformar las cosas en lo que nos motiva. Si puedes ver el orden en el exterior, eres tú quien tiene el orden y lo revelas desde el interior.

Debía ser el año 1973. Estaba sentado en el suelo de la casa de mis padres y agarré un gran libro de Leibniz, el filósofo alemán del siglo xvii. Era un discurso sobre metafísica, una disertación filosófica sobre los principios religiosos del mundo, y me fascinó. En aquella época, estudiaba todo lo que podía para ampliar mis conocimientos, porque tenía dificultades de aprendizaje y quería recuperar el tiempo perdido. Me encontré con este libro, que decía algo que cambió mi vida.

El primer capítulo se refería a la «perfección divina». Si no tienes una orientación religiosa, imagina lo divino como una inteligencia que impregna el universo, posiblemente lo que el físico David Bohm describió como el orden implicado del universo. Si eres religioso, imagínatelo como el gran diseño organizado. Sea como sea, imagina que existe un campo de inteligencia u orden que impregna nuestra vida. Si miramos con suficiente profundidad, lo descubriremos. Leibniz decía que hay una perfección divina, una belleza divina, una magnificencia divina en nuestras vidas y en las vidas de los demás, pero pocas personas llegan a conocerla. Viven en la mediocridad. En cambio, las vidas de los que llegan a conocerla nunca vuelven a ser las mismas; han cambiado para siempre.

Desde que lo leí, he querido saber cuál es ese orden oculto. Fue Albert Einstein quien dijo (estoy parafraseando): «Me basta con sentarme cada día a explorar y contemplar la gran inteligencia que impregna y rige las leyes ordenadoras del universo. Quiero saber cómo funciona esta inteligencia. Quiero conocer sus mecanismos de funcionamiento. Quiero conocer las leyes naturales».

Creo que en lo más profundo de nuestro ser hay un anhelo de encontrar el orden en el aparente caos de nuestras vidas, y creo que está ahí. He dedicado cincuenta años de mi vida a desvelarlo. Y creo que eso es lo que hace el Demartini Method®: ayudar a la gente a ver el orden oculto en su caos aparente.

La lectura de grandes obras motivadoras cambió mi vida, y te animo a que hagas lo mismo. No sé qué significa eso para ti. Puede ser leer un libro de un gran jugador de fútbol, una obra religiosa o la biografía de un líder o de un artista, o incluso de un líder empresarial o social. En cualquier caso, rodéate de las obras literarias más motivadoras que caigan en tus manos.

Mete la mano en esta cola. Lee todos los días, aunque sólo sea un párrafo. Encuentra a algún escritor muy motivador; llena tu día con sus pensamientos. No te limites a leerlo y a dejarlo a un lado. Anota esas citas o frases motivadoras. Cuando hagas tu ejercicio de gratitud, recurras a tu propia voz interior y obtengas una revelación, anótalos también. Recopílalos y crea un libro motivador. Puedes recurrir a él siempre que tengas un momento poco motivador en tu vida.

He redactado un libro titulado The Philosophers of Wisdom. He extraído las mayores enseñanzas que han caído en mis manos. He metido la mano en esta cola y se me ha pegado, lo que me ha permitido tener una vida más motivadora.

Nos merecemos este tipo de vida. Nuestra verdadera brillantez emerge cuando llenamos nuestras mentes con ese resplandor. Lee grandes escritos motivadores, provengan de la fuente que provengan. Llena a diario tu mente con estas ideas. Dedica unos diez o quince minutos cada día; no hace falta que leas más que una frase.

Mi abuela fue una mujer increíble. Salía a correr con ella cuando tenía noventa y siete años. Falleció centenaria, a los 101 años. Todos los días leía proverbios y salmos, y vivió una vida motivada en parte gracias a ello. No digo que tengas que leer esos mismos textos, sino que encuentres algo que te motive.

Vivo una vida motivada porque lleno mi mente de ideas geniales y motivadoras. Si quieres vivir una vida motivada, rodéate de personas motivadoras. Si no puedes conocerlas en persona, lee su literatura online o sus libros. Mañana serás la misma persona que eres hoy, excepto por las personas que conozcas y los libros que leas. Llena tu mente de grandes ideas.

Crea una biblioteca de motivación y fíjate en qué sucede. Te garantizo que la lectura motivadora cambia vidas. He recibido cartas de todo el mundo que decían: «Tus libros me han inspirado; me han cambiado la vida».

Haz de esto tu vida. Elige alguno de mis libros, u otros libros, llena tu mente con ellos y observa qué sucede. Tu vida no será la misma. Mi vida nunca ha sido la misma desde que hice esto a los dieciocho años.

También es aconsejable que te fijes en con quién te relacionas. En mi caso, escribí que quería relacionarme, asociarme e incluso coenseñar con algunos de los más destacados maestros espirituales del planeta.

Cuando estaba en Nepal, estaba echando un vistazo en una librería, leyendo algunos libros sobre la religión bön, la enseñanza original de los tibetanos.

—Parece que te tomas muy en serio el estudio de estas enseñanzas –me dijo el hombre de la librería.

—Sí, estoy estudiando religiones comparadas –le dije–. A mí también me encantaría estudiar estas enseñanzas.

—Tengo un libro para usted. Espere un momento.

Fue a la trastienda y volvió con un texto muy antiguo.

Estuve tres o cuatro horas leyéndolo y tomé notas.

—Está muy comprometido con el tema. Nadie se toma tanto tiempo para hacer esto –me dijo el hombre.

—Sí –le contesté–. Quiero comparar todas las religiones, filosofías y ciencias del mundo y encontrar el hilo conductor en todas ellas. Si nos enfocamos en lo que es común, crecemos en amor; si nos enfocamos en lo que es diferente, tendemos a juzgar.

—El líder de esta religión, el lama bonpo, está aquí en Katmandú. Mi hermano trabaja con él; está en el monasterio.

Me preguntó si me gustaría conocerlo.

—¡Me encantaría! –respondí.

—Lo llamaré al móvil.

El lama bonpo dijo que podía recibirme. Me senté con él durante una hora, hablando de filosofía y teología y escuchando sus enseñanzas.

—Quizá pueda ayudar a difundir el mensaje de mi fe por el mundo –me dijo. Me dio todos los volúmenes que había escrito. Me ayudaron a bajarlos desde la colina hasta un rickshaw y los llevé hasta mi hotel.

Lo había anotado en mi libro de metas y objetivos: «Me encantaría conocer a los grandes maestros espirituales del planeta». Si podía conocer a los premios Nobel, ¿por qué no a los maestros espirituales? ¿Por qué no a los grandes empresarios?

Pude conocer a Paul Allen, cofundador de Microsoft, y a Richard Branson cuando lanzamos el Spaceship I en el desierto de Mojave en 2004.

Hay personas increíbles en el planeta; permítete conocerlas. La armonía reside en la diversidad, que te proporciona certeza. Cuando tienes certeza sobre tu misión para la humanidad, te encuentras con personas que también tienen esa certeza.

Lee lo que te motive. Haz una lista de las personas con las que te encantaría relacionarte. Leéla todos los días y observa cómo de manera sincronizada estarás en el lugar adecuado en el momento correcto para encontrarte con esas personas: estarán sentadas a tu lado en un avión, o bien estarás comiendo en un restaurante y aparecerán.

Escribí el nombre de cincuenta personas y celebridades de impacto mundial que quería conocer. Ya las he conocido a todas. También he conocido a más de dos mil personas que había imaginado y soñado conocer.

Cuando lees algo y piensas en ello, resuena contigo y apareces en el lugar adecuado en el momento oportuno. Si te dedicas a los negocios y tu pensamiento dominante más recóndito es en los clientes, resuenas con él y se convierte en tuyo. Los clientes vienen a ti. Lo que buscas te busca.

El orden oculto del universo está oculto no porque tenga que estarlo, sino porque no hemos dedicado tiempo a buscarlo. Estamos tan ocupados con nuestras rutinas diarias que no nos detenemos a escuchar el campo de inteligencia que nos impregna y nos guía interiormente.

He incorporado una pregunta al proceso de mi Breakthrough Experience. Cuando, supongamos, alguien te critica, preguntas: «Vale, ¿en qué te critican? ¿Quién percibe eso en ti?». No te consideres moralmente superior por ello; asúmelo al cien por cien. Luego ensancha tu mente y encuentra el beneficio equilibrante para ti, porque si te fijas bien, cuando alguien te critica, otra persona te está ensalzando. Todo es un proceso de equilibrio. No hay crítica sin alabanza. Aunque los dos polos puedan no ser locales. Y ambos simplemente te están haciendo responsable de ser tu yo más auténtico y amoroso.

He visto cómo esto se repetía una y otra vez, y estoy seguro de que es una ley perceptiva. El padre de la psicología, Wilhelm Wundt, la llamó la ley de los contrastes simultáneos. Los implicados en este acto de equilibrio sincrónico pueden ser uno o muchos, hombres o mujeres, cercanos o lejanos, virtuales o reales, pero están ahí. Uno intenta elevarte, el otro trata de hundirte. Intentan mantenerte en homeostasis, como una reacción química redox en una célula. Nuestra sociedad genera una reacción redox para contenernos en nuestros corazones. Si sólo vemos elogios, nos sentimos entusiasmados; si sólo vemos reprimendas, nos deprimimos.

Si nos volvemos adictos al placer, es porque estamos negando su lado opuesto; si nos quedamos subyugados por el dolor, estamos volviendo a negar el otro lado inconsciente. Si no podemos ver el lado negativo, quedamos cautivados; cuando no podemos ver el lado positivo, nos amargamos. Pero, en realidad, se dan ambas cosas.

Si vemos ambos lados sincrónicamente, entramos en un mundo que el gran psiquiatra Carl Jung llamó sincronicidad. La sincronicidad es vivir en un estado atemporal acausal. Si vemos un lado sin el otro, vivimos en dicronicidad: vivir a través del tiempo, que nos envejece.

Por lo general no dedicas el tiempo necesario a observar. Como consecuencia de ello, reaccionas emocionalmente ante casi cualquier cosa. Te amargas o quedas cautivado; no ves el equilibrio. Transfieres esta carga emocional a tu vida. A menos que se equilibre y se libere, cargarás con el peso hasta la tumba. Cuando se equilibra, te libera convirtiéndose en luz que ilumina tu mente. Cuando ves ambos lados al mismo tiempo, tienes una mente iluminada. En ese preciso momento te das cuenta de que no eres ni reprendido ni alabado; eres querido, porque el amor es síntesis y sincronía de atracción y repulsión, elogio y reprimenda, agradable y mezquino, amable y cruel.

En miles de casos, la gente piensa que está siendo maltratada o tratada con agresividad. Si nos fijamos bien, en ese mismo momento de sus vidas, también tuvieron a alguien, de forma local o no, que los sobreprotegió, los cuidó en exceso, fue demasiado condescendiente con ellos. El sobreprotector y el hiperagresivo formaban un equipo de dos, que trabajaban juntos para conformar el amor. Nos rebelamos contra uno y nos volvimos adictos al otro. Cuanto más adictos nos volvíamos a uno, más intervenía el otro para liberarnos de la adicción y despertarnos a la verdad del amor. Hay un orden oculto todo el tiempo. Si te fijas, la dinámica familiar está cargada de ese equilibrio.

En nuestra sociedad, nuestra adicción es la idea de que se supone que debemos tener un lado sin el otro. Se supone que debemos ser agradables y nunca desagradables; amables, nunca crueles; dulces, nunca amargos; positivos, nunca negativos. La vida no es así, pero tenemos la fantasía de que lo será algún día, cuando seamos perfectos, pero eso no va a suceder. Esta ilusión esconde la magnificencia de lo que ya está aquí. Justo aquí, el elogio que respalda se equilibra con la reprimenda que desafía. Esto te hace independiente. De lo contrario, eres dependiente. Necesitas ambas cosas para crecer al máximo.

No importa por lo que hayas pasado a lo largo de tu vida, nada ahí fuera puede detenerte excepto tú. Te mereces tener tus sueños, y te mereces seguir estos grandes siete secretos y tesoros.

Puedes hacer que estos tesoros de tu vida afloren a la superficie; puedes brillar; puedes relucir; puedes tener facetas radiantes en tu vida; puedes tener aquello que amas. No me convencerás de lo contrario. Soy una prueba viviente de ello. Lo comparto contigo, y me encantaría que tú hicieras lo mismo. Cuando lo hagas, también me gustaría que me encontraras y compartieras conmigo tu historia motivadora, para que yo pueda compartirla con alguien en el futuro. Que tus siete tesoros secretos perduren el resto de tu vida.

ÍNDICE